江戸御府内八十八ヶ所 御朱印を求めて歩く

巡礼ルートガイド

江戸巡りん倶楽部 著
メイツ出版

※本書は2015年発行の「江戸御府内八十八ヶ所 御朱印を求めて歩く 札所めぐりルートガイド」の改訂版です。

もくじ

巡礼とは………………………………………………4
心得と準備するもの…………………………………6
おすすめ巡礼コース…………………………………8
この本の使い方………………………………………9
御府内八十八カ所寺院マップ……………………10〜29

阿波国の写し霊場
第1番 東京別院………30
第2番 東福寺…………31
第3番 多聞院…………32
第4番 高福院…………33
第5番 延命院…………34
第6番 不動院…………35
第7番 室泉寺…………36
第8番 長遠寺…………37
第9番 龍巌寺…………38
第10番 聖輪寺…………39
第11番 荘厳寺…………40
第12番 宝仙寺…………41
第13番 弘法寺…………42
第14番 福蔵院…………43
第15番 南蔵院…………44
第16番 三寶寺…………45
第17番 長命寺…………46
第18番 愛染院…………47
第19番 青蓮寺…………48
　　　　　　　　　　49

第20番 鏡照院…………50
第21番 東福院…………51
第22番 南蔵院…………52
第23番 薬研堀不動院…53

土佐国の写し霊場
第24番 最勝寺…………54
第25番 長楽寺…………55
第26番 来福寺…………56
第27番 正光院…………57
第28番 霊雲寺…………58
第29番 南蔵院…………59
第30番 放生寺…………60
第31番 多聞院…………61
第32番 圓満寺…………62
第33番 眞性寺…………63
第34番 三念寺…………64
第35番 根生院…………65
第36番 薬王院…………66
第37番 萬徳院…………67
第38番 金乗院…………68
第39番 真成院…………69
　　　　　　　　　　70

=コラム= 納経とは……71

伊予国の写し霊場
第40番 普門院…………72
第41番 密蔵院…………73
　　　　　　　　　　74

第42番 観音寺	75
第43番 成就院	76
第44番 顕性寺	77
第45番 観蔵院	78
第46番 弥勒寺	79
第47番 城官寺	80
第48番 禅定院	81
第49番 多宝院	82
第50番 大徳院	83
第51番 延命院	84
第52番 観音寺	85
第53番 自性院	86
第54番 新長谷寺	87
第55番 長久院	88
第56番 与楽寺	89
第57番 明王院	90
第58番 光徳寺	91
第59番 無量寺	92
第60番 吉祥院	93
第61番 正福院	94
第62番 威光寺	95
第63番 観智院	96
第64番 加納院	97
第65番 大聖院	98
=コラム= お砂踏み霊場とは 讃岐国の写し霊場	99
第66番 東覚寺	100
	101

第67番 真福寺	102
第68番 永代寺	103
第69番 宝生院	104
第70番 禅定院	105
第71番 梅照院	106
第72番 不動院	107
第73番 東覺寺	108
第74番 法乗寺	109
第75番 威徳寺	110
第76番 金剛院	111
第77番 佛乗院	112
第78番 専教院	113
第79番 成就院	114
第80番 長延寺	115
第81番 光蔵院	116
第82番 蓮福院	117
第83番 龍福院	118
第84番 蓮乗院	119
第85番 明王院	120
第86番 観音院	121
第87番 常泉院	122
第88番 護国寺	123
文殊院	
巡礼チェック表	124
さくいん	126

御府内八十八カ所とは

弘法大師様が修行を行った四国の地で八十八の寺院を選び四国八十八ヶ所を開創しました。この八十八ヶ所のお寺を巡礼することがお遍路です。当初は修行僧がお遍路をしたと言われていますが、一二〇〇年の時を経た現代でも弘法大師様への信仰を持ち、日本全国から四国に訪れる人々が後を絶えません。

しかし、四国まで足を運ぶのはそう簡単ではありませんよね。そこで四国八十八ヶ所霊場のお砂を関東の弘法大師様に縁のある八十八ヶ所の寺院に勧請したのが「御府内八十八ヶ所」です。弘法大師様の像の周りに立つ柱に四国の霊場のお砂が埋め込まれています。

御府内の霊場は四国の霊場と違い真言宗の寺院だけではなく様々な宗派があります。一つ一つの寺院にそれぞれの住職様がおり、様々な考えや思いに触れることができるのが御府内ならではの魅力ではないでしょうか。

お遍路さんは、常に「弘法大師様と共に」歩いているという気持ちで巡礼しています。当時の弘法大師様のお姿を想像し、八十八ヶ所を巡っていれば自分と向き合い、見つめ直し、新しい自分を発見ことが出来るはずです。

※本書に記載の情報は2019年5月時点のものです。

御府内八十八ヶ所霊場巡礼の心得

御府内八十八ヶ所の霊場を巡礼する際の心得は四国の霊場と同様です。
弘法大師様と同行し聖域を巡る行為ですのでいくつかの決まり事があります。
また、四国では八十八ヶ所の霊場を回る遍路者のことをあえて敬意を持って
"お遍路さん"と呼んでいます。それは弘法大師を帰依し、
熱心に修行する僧を見てきたからです。そのことを心に留め、
"お遍路さん"として恥じないようマナーを守りながら巡礼しましょう。

お遍路の心得

- 第一に、信心に弘法大師様の御名を唱える
- 自ら決まり事を設け、それに従い修行の心を持って巡拝する
- むやみに生き物の殺生をしない
- 異性に戯れの言葉をかけない
- 保健薬を持ち歩く
- 同行する人と口論をしない
- 不要なものや多額の金銭は持たない
- 体に優しい料理を食べる

参拝の手順

- 山門・仁王門で一礼
- 水屋で口をすすぎ、手を洗う
- 鐘楼で鐘を打つ。ただし自分で打てるところのみ。参拝後には打ってはならない。
- 本堂向拝で所定の箱に納札、写経を納める
- 本堂・大師堂でお灯明、お線香、賽銭をあげる
- ご本尊に合掌し、お経を読む。
- 納経所で納経料を払い、御朱印をもらう

注意点

- 参拝時間は午前9時から午後4時を目安に御参りしましょう。
- 納経料はおつりのないように支払いましょう
- 御朱印はスタンプとは違います。弘法大師様のご加護を受けることのできるありがたいものだということをわすれないようにしましょう。

持ち物・服装

- 御朱印帳（できれば第一番の札所東京別院で購入したもの）を持ち歩きましょう。
- 服装は気温にあわせて着脱ができるもので歩きやすい靴を履きましょう。お寺によっては中へ招いて頂けることもあるので裸足は避けましょう。
- 数珠（念珠）

電車・バスを使ってまわるおすすめルート

=第1番～第88番まで10日ほどで結願できる=

高輪台
- 第1番 東京別院 … 31
- 第84番 明王院 … 119
- 第65番 大聖院 … 98
- 第69番 宝生院 … 104
- 第80番 真延寺 … 115
- 第13番 弘法寺 … 43

三田
- 第4番 高福院 … 34
- 第8番 長遠寺 … 38
- 第26番 来福寺 … 57

目黒⇨恵比寿
- 第6番 不動院 … 36
- 第27番 正光院 … 58
- 第5番 延命院 … 35
- 第7番 室泉寺 … 37

六本木⇨赤坂見附
- 第81番 光蔵院 … 116
- 第75番 威徳院 … 110

赤坂（見附）⇨神谷町
- 第20番 鏡照院 … 50
- 第67番 真福寺 … 102

青山一丁目⇨国立競技場
- 第9番 龍厳院 … 39
- 第10番 聖輪院 … 40
- 第44番 顕性寺 … 77
- 第39番 真成院 … 70
- 第83番 蓮乗院 … 118
- 第21番 東福院 … 51
- 第18番 愛染院 … 48

四谷三丁目⇨初台
- 第11番 荘厳寺 … 41

初台⇨中野坂上
- 第12番 宝仙寺 … 42

中野坂上⇨高田馬場
- 第85番 観音寺 … 120
- 第36番 薬王院 … 67
- 第24番 最勝寺 … 55
- 第71番 梅照院 … 106
- 第58番 光照院 … 91
- 第48番 禅定院 … 81
- 第41番 密蔵院 … 74
- 第2番 東福寺 … 32
- 第14番 福蔵院 … 44
- 第15番 南蔵院 … 45
- 第16番 三寶寺 … 46

練馬高野台（バス）⇨成増
- 第17番 長命寺 … 47
- 第19番 青蓮寺 … 49
- 第76番 金剛院 … 111

椎名町⇨護国寺
- 第79番 専教院 … 114
- 第87番 護国寺 … 122

茗荷谷⇨春日
- 第86番 常泉寺 … 121
- 第34番 三念寺 … 65
- 第32番 圓満寺 … 63
- 第28番 霊雲寺 … 59

湯島⇨田原町
- 第72番 不動院 … 107
- 第62番 龍光院 … 95
- 第82番 威徳院 … 117
- 第45番 観智院 … 78
- 第51番 延命院 … 84
- 第43番 成就院 … 76
- 第61番 正福院 … 94
- 第60番 吉祥院 … 93
- 第78番 成就院 … 113

門前仲町⇨根津
- 第53番 自性院 … 86
- 第55番 長久院 … 88
- 第49番 多宝院 … 82
- 第57番 明王院 … 90
- 第63番 観智院 … 96
- 第64番 加納院 … 97
- 第66番 観音院 … 99
- 第56番 東覚寺 … 89
- 第47番 城官寺 … 80
- 第59番 無量寺 … 92
- 第33番 眞性寺 … 64

稲荷町⇨押上
- 第70番 禅定院 … 105
- 第40番 普門院 … 73
- 第73番 東覺院 … 108
- 第50番 大徳院 … 83
- 第23番 薬研堀不動院 … 53
- 第46番 弥勒寺 … 79
- 第37番 萬徳院 … 68
- 第74番 法乗院 … 109
- 第68番 永代寺 … 103

巣鴨⇨牛込神楽坂⇨牛込柳町
- 第22番 南蔵院 … 52
- 第31番 多聞院 … 62
- 第30番 放生寺 … 61
- 第52番 観音寺 … 85
- 第29番 南蔵院 … 60
- 第35番 金乗院 … 66
- 第38番 根生院 … 69
- 第54番 新長谷寺 … 87

その他
- 第3番 多聞院 … 33
- 第25番 長楽寺 … 56
- 第77番 佛乗院 … 112

結願
- 第88番 文殊院 … 123

この本の使い方

ワンモアポイント
お寺について知っておくと便利な情報などを記しています。

本尊・開山・開基・建立などを記しています。不明なものもあります。

札所番号です。他の霊場の札所になっているお寺もあります。

第1番
江戸三十三観音霊場 第29番
関東八十八カ所霊場 特別霊場

- 本尊 弘法大師
- 建立 1673年(延宝元年)

東京別院（とうきょうべついん）
高野山真言宗

ワンモアポイント
「合掌礼拝入山門」。門を入ると同時に本堂「遍照殿」に向かって両手を合わせて軽く、頭を下げ礼拝を。

上／昭和63年建立の本堂「遍照殿」。お大師様の法号「遍照金剛」に由来。
右上／高輪警察署の隣にある大きな山門。「弘法大師」の石標も。
右下／四国八十八ヶ所のすべての霊場の砂を集めた「お砂踏み場」。

高輪結び大師とも呼ばれている

高野山真言宗総本山高野山金剛峯寺の東京別院です。慶長年間、江戸に徳川幕府が開かれた際、高野山僧侶方の江戸在番所として、浅草の日輪寺を借りて開創したのがはじまりといわれています。
「弘法大師」の石標のある山門をくぐると、正面に昭和六十三年に落慶された豪壮な本堂があり、堂内には一七〇三年(元禄一六年)、本堂再建の際に造顕された弘法大師像が奉安されています。境内には修行大師像と四国八十八ヶ所お砂踏み霊場があります。

1. 弥勒菩薩の種字「ユ」
2. 弘法大師
3. 中央の朱印は梵字の「ユ」
4. 御府内八十八番第一番
5. 高野山東京別院之章

―ご詠歌―
四国霊場第1番
霊山寺

霊山の
釈迦の御前に
巡り来て
よろずの罪も
消え失せにけり

- 所在地／東京都港区高輪3-15-18
- 電話／03-3441-3338
- アクセス／都営浅草線 高輪台駅A1出口より徒歩10分、高輪警察署隣。
- 駐車場／有(10台)
- 拝観時間／9:00～17:00

MAP P10

寺号と宗派を記しています。

四国八十八ヶ所霊場の写し寺を記し、そのお寺のご詠歌です。（御府内八十八ヶ所霊場のご詠歌ではありません）

お寺周辺の地図が記載されているページを記しました。

四国八十八ヶ所霊場の写し寺のある県ごとに分類しています。
- 阿波国(徳島県)
- 土佐国(高知県)
- 伊予国(愛媛県)
- 讃岐国(香川県)

御府内八十八ヶ所霊場のご朱印とその解説を記しました。手書きではないもの(スタンプ)やここに掲載されているものと見た目が異なる場合もあります。

お寺の基本的な情報です。駐車場は法事などで使用されることも多いので、なるべく公共機関を利用してお出かけ下さい。拝観時間はご朱印をいただく際の参考にして下さい。季節やお寺の事情で変わることもあります。事前の確認が一番のおすすめです。

御府内八十八カ所寺院マップ

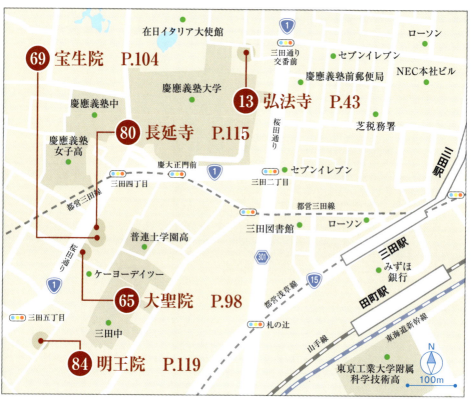

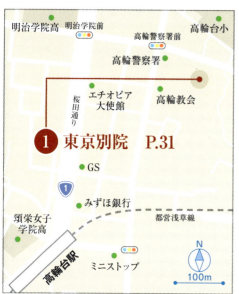

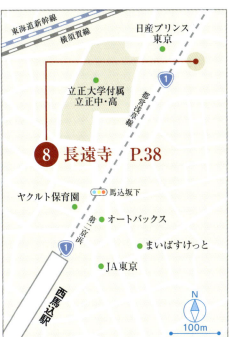

御府内八十八カ所寺院マップ

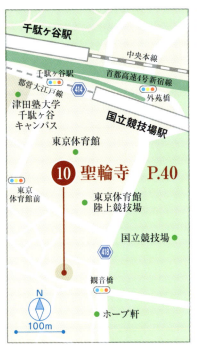

御府内八十八カ所寺院マップ

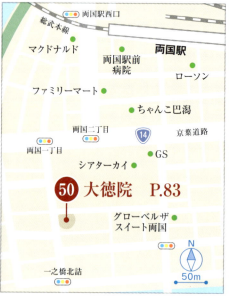

御府内八十八カ所寺院マップ

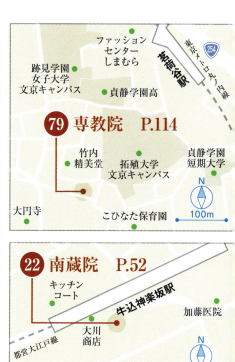

御府内八十八カ所寺院マップ

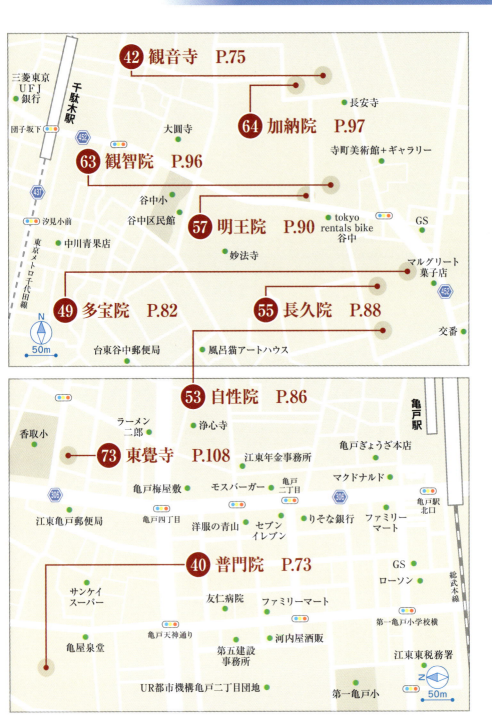

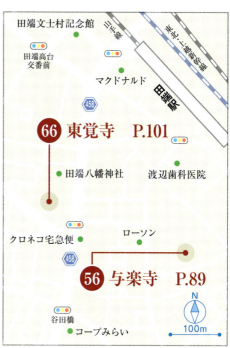

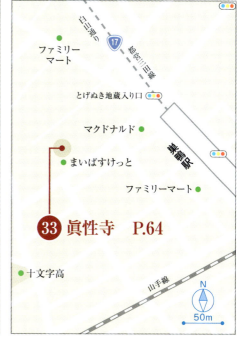

御府内八十八カ所寺院マップ

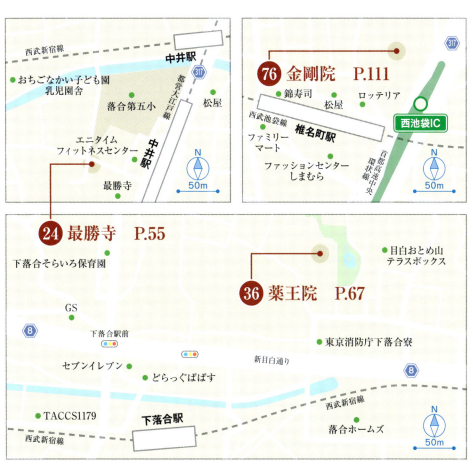

御府内八十八カ所寺院マップ

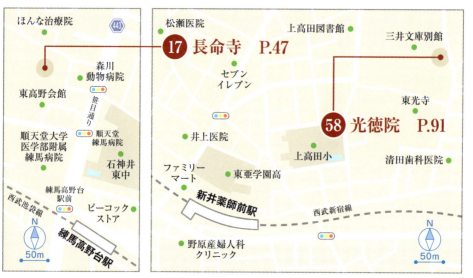

御府内八十八カ所寺院マップ

御府内八十八カ所寺院マップ

❸ 多聞院　P.33

御府内八十八カ所寺院マップ

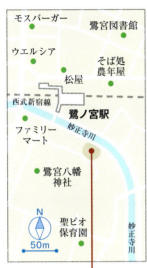

阿波国の写し霊場

【発心の道場】

四国八十八ヶ所の霊場では徳島県にあたります。
弘法大師様が修行の為に八十八ヶ所の霊場を巡ろうと思い立った時と同じように、気持ちを引き締め歩き出します。

第1番

江戸三十三観音霊場 第29番
関東八十八カ所霊場 特別霊場

- 本尊　弘法大師
- 建立　1673年（延宝元年）

高野山 東京別院

高野山真言宗

上／昭和63年建立の本堂「遍照殿」。お大師様の法号「遍照金剛」に由来。
右上／高輪警察署の隣にある大きな山門。「弘法大師」の石標も。
右下／四国八十八ヶ所のすべての霊場の砂を集めた「お砂踏み場」。

ワンモアポイント

「合掌礼拝入山門」。門を入る前に本堂「遍照殿」に向かって両手を合わせて軽く、頭を下げ礼拝を。

高輪結び大師とも呼ばれている

高野山真言宗総本山高野山金剛峯寺の東京別院です。慶長年間、江戸に徳川幕府が開かれた際、高野山学侶方の江戸在番所として、浅草の日輪寺を借りて開創したのがはじまりといわれています。

「弘法大師」の石標のある山門をくぐると、正面には一七〇三年（元禄一六年）、本堂再建の際に造顕された弘法大師が奉安されています。境内には修行大師像と四国八十八ヶ所お砂踏み霊場があります。

昭和六十三年に落慶された豪壮な本堂があり、堂内

❶ 弥勒菩薩の種字「ユ」　❷ 弘法大師
❸ 中央の朱印は梵字の「ユ」
❹ 御府内八十八所第一番
❺ 高野山東京別院之章

- 阿波国
- 土佐国
- 伊予国
- 讃岐国

── ご詠歌 ──
四国霊場第1番
霊山寺

霊山の
釈迦の御前に
巡り来て
よろずの罪も
消え失せにけり

- ●所在地／東京都港区高輪3-15-18　●電話／03-3441-3338
- ●アクセス／都営浅草線 高輪台駅 A1出口より徒歩10分、高輪警察署隣。
- ●駐車場／有（10台）　●拝観時間／9:00～17:00

MAP P10

第2番
豊島八十八ヶ所 第2番

・本尊　不動明王
・建立　弘安3年(1280年)

東福寺 (とうふくじ)

真言宗豊山派

上／石段の途中にある「弘法大師堂」。
右上／山門をくぐると、正面に本堂が見える。
右下／「徳川将軍御膳所跡」の碑。

ワンモアポイント
石段をのぼって行くと左側に大師堂がある。

徳川家光公、徳川吉宗公が鷹狩りの際に休息をした

元の札所は新宿区余丁町にある厳島神社の別当寺であった二尊院でしたが、明治の神仏分離で廃寺となったため、東福寺に移されました。弘安三年(一二八〇年)の創建で、本尊の不動明王は、弘法大師の作と伝えられています。

本堂へ上る石段の途中に大師堂、境内には「徳川将軍御膳所跡」の石碑があり、掲示板には「享保一三年(一七二八年)春、八代将軍吉宗が鷹狩りの折の御膳所となり、休息と食事をしたところ」とあります。

① 「本尊　不動明王」　② 「弘法大師」
③ 不動明王の種字「カン」
④ 「御府内八十八ヶ所 第二番札所」
⑤ 金峯山東福寺と「金峯山東福寺」

―ご詠歌―
四国霊場第2番
極楽寺

極楽の弥陀の浄土に行きたくば
南無阿弥陀仏口ぐせにせよ

●所在地／東京都中野区江古田3-9-15　●電話／03-3386-5205
●アクセス／都営大江戸線新江古田駅より徒歩10分。
●駐車場／なし　●拝観時間／9:00〜16:00

MAP P22

阿波国 / 土佐国 / 伊予国 / 讃岐国

第3番
玉川八十八ヶ所
第44番

- 本尊　地蔵菩薩
- 開山　述誉上人
- 建立　文亀・永正年間
  　　　(1501〜1521年)

多聞院（たもんいん）

真言宗豊山派

上／山門から正面に見える本堂。境内は緑に囲まれて広々としている。
右上／奈良の壺坂寺から寄贈された「天竺渡来石彫涅槃図」。
右下／境内に設置された遊具。

ワンモアポイント
境内に入ってすぐの左手に、子どもが遊べるぶらんこなどの遊具がある。

境内にさまざまなものが見られるお寺

寛永五年(一六二八)現在の新宿区にあたる新宿角筈村に創建され、新宿駅周辺の区画整理のために、昭和三十年(一九五五)に現在の地に移転してきました。周辺には寺院が多く並んでおり烏山寺町と呼ばれています。

境内には奈良県の壺坂寺がインド政府に依頼して制作された石彫涅槃図の石碑や、釈迦様の足跡を刻んだ仏足石、天保の大飢饉での餓死者を祀った無縁墓などが安置されています。

- ①本尊 地蔵菩薩　②弘法大師
- ③地蔵菩薩の種字「カ」
- ④御府内第三番
- ⑤北烏山多聞院と「金剛山多聞院之印」

---ご詠歌---
四国霊場第3番
金泉寺

極楽の
宝の池を
思えただ
黄金の泉澄み
たたえたる

阿波国　土佐国　伊予国　讃岐国

●所在地／東京都世田谷区北烏山四丁目12-1　●電話／03-3300-3628
●アクセス／京王線千歳烏山駅より徒歩約20分
●駐車場／あり　●拝観時間／9:00〜16:00

MAP P26-27

第4番

- 本尊　大日如来
- 開基　不詳
- 建立　平安時代

高福院(こうふくいん)

高野山真言宗

上／水野忠邦から寄進されたと伝わる本堂。
右／池波正太郎のエッセーにもエピソードがある作家、長谷川伸のお墓。お墓の揮毫は豊道春海。

ワンモアポイント
住所は上大崎だが、JR目黒駅からすぐのところにある。

作家の長谷川伸や作曲家の山本直純のお墓がある

目黒通り沿いにありながら、木々に囲まれた静寂な境内。元々は高野山金剛峯寺の塔頭で、寛永年間（一六二四～一六四四）松平讃岐守下屋敷の隣地に開創されたお寺です。

安永二年（一七七三年）の大火でほとんどが焼失してしまいました。現在の本堂は江戸時代に建てられたもので、天保の改革で知られる老中水野忠邦が千駄ヶ谷隠田の屋敷内に建設し、天保十五年（一八四四年）第十三世恵玉和尚が拝領して移築したと伝えられています。

① 「本尊 大日如来」
② 「弘法大師」
③ 金剛界大日如来の種字「バン」
④ 右上は「第四番」
⑤ 高福院と「永峯山瑠璃光寺高福院」

――ご詠歌――
四国霊場第4番
大日寺

眺むれば
月白妙の夜半なれや
ただ黒谷に
墨染の袖

- 所在地／東京都品川区上大崎2-13-36　● 電話／03-3441-3859
- アクセス／JR目黒駅より徒歩1分
- 駐車場／有(5台)　● 拝観時間／8:00～16:00

MAP P11

阿波国 / 土佐国 / 伊予国 / 讃岐国

第5番

- 本尊　大日如来
- 開基　慶圓阿闍梨
- 建立　寛永年間
　　　　（1624〜1643年）

延命院(えんめいいん)

真言宗智山派

上／門前には御府内八十八ヶ所の五番札所の標石がある。
右／標石の脇には「阿波国地蔵寺移 第五番子安地蔵 弘法大師之御作」。

ワンモアポイント
お参りの際に読経するか、写経を納めてから御朱印をいただきましょう。

コンサートなども行われるお寺

寛永年間（一六二四〜一六四三年）に慶圓阿闍梨によって開基され、宝永年間（一七五一〜一七六四年）に御府内八十八ヶ所の札所第五番となりました。文化八年（一八一一年）、当時の住職が四国の第五番札所である地蔵寺から弘法大師によって作られた子安地蔵を遷したと伝わります。

現在の本堂は、慶圓阿闍梨のあとを継いだ照宏阿闍梨が熱心に仏教を研究し、昭和五十年に建てたものです。

① 「大日如来」　② 「弘法大師」
③ 大日如来の種字「バン」
④ 「第五番」
⑤ 麻布延命院と「金剛山延命院」

ーご詠歌ー
四国霊場第5番
地蔵寺

六道の
能化の地蔵
大菩薩
導きたまえ
この世後の世

阿波国／土佐国／伊予国／讃岐国

- 所在地／東京都港区南麻布3-10-15　● 電話／03-3442-8770
- アクセス／地下鉄南北線白金高輪駅より6分
- 駐車場／有（2〜3台）　● 拝観時間／特になし

MAP P11

第6番

- 本尊　不動明王
- 開基　不詳
- 創建　不詳

明王寺 不動院

高野山真言宗

上／本堂。事前に電話を入れて訪れよう。
右上／児稲荷大明神と不動尊の石像。
右下／石柱が建つ寺院入口。

ワンモアポイント

日本橋小伝馬町にある大安楽寺の住職が兼務しているので、不在の場合はそちらで納経することも可能。

麻布不動坂の一願不動と信仰を集めた寺院

開基、創建ともに詳細はわかっていないが、江戸幕府開府前に創建され、万治元年（一六五八年）に江戸幕府の命で現在の場所に移設したと伝わります。

当院中興である玄海法印が、悪蛇が住み着き、人々を悩ませていた沼地に、十一面観音を本地仏として稲荷大明神に祈願したところ、悪蛇の死骸が浮かび上がったといわれ、その稲荷台明神が現在の境内にも安置されています。入り口には、四国八十八ヶ所のお砂踏みも。

❶ 不動明王の種字「カーン」に不動明王
❷ 不動明王の種字「カーン」 ❸ 御府内八十八所第六番 ❹「南無大師遍照金剛」 ❺ 不動院と「五大山 不動院」

―ご詠歌―
第6番 安楽寺

仮の世に
知行争う
むやくなり
安楽国の
守護をのぞめよ

阿波国
土佐国
伊予国
讃岐国

●所在地／東京都港区六本木3-15-4　●電話／03-3224-1881　●アクセス／日比谷線・大江戸線六本木駅より徒歩8分、南北線六本木一丁目駅より徒歩8分　●駐車場／あり（要予約）　●拝観時間／9:00～17:00　※参拝の際には事前に要電話

MAP P13

第7番

- 本尊　阿弥陀如来
- 開山　快圓和上
- 建立　元禄13年(1700年)

室泉寺(しつせんじ)

高野山真言宗

上／緑に囲まれた色鮮やかな本堂。
右上／宝塔と地蔵菩薩。
右下／高野山を模した築山があるお砂踏み場。

ワンモアポイント

手入れの行き届いた境内には、木造の地蔵堂、鐘楼、歓喜天堂などがある。

昔はお坊さんになるために修行する学校だった

恵比寿駅から五〜六分のところにありながら、緑に囲まれ、手入れの行き届いた静寂な境内。元禄七年（一六九四年）に和泉国の大鳥山神鳳寺の快圓和上によって開山、元禄一三年（一七〇〇年）、五代将軍綱吉の発願により、真言律宗の寺院として開かれました。緑の中に、青銅色の屋根で白壁に朱色に塗られた太い柱の本堂が目を引きます。高野山を模した築山があり、四国八十八ヶ所のお砂踏みになっています。

❶ 種字「キリーク」に「阿弥陀如来」
❷ 「弘法大師」
❸ 梵字の「キリーク」
❹ 「御府内八十八ヶ所第七番」
❺ 室泉寺と「源秀山 室泉寺」
※❷は描かれない場合あり

ご詠歌

四国霊場第7番
十楽寺

人間の
八苦を早く
離れなば
到らん方は
九品十楽

- 所在地／東京都渋谷区東3-8-16
- 電話／03-3400-4558
- アクセス／JR恵比寿駅より徒歩5分
- 駐車場／なし
- 拝観時間／9:00〜16:00

MAP P11

阿波国　土佐国　伊予国　讃岐国

第8番
玉川八十八ヶ所 第72番

- 本尊　不動明王
- 開山　宥尊
- 建立　天仁元年（1108年）

長遠寺
ちょうおんじ

真言宗智山派

上／現在の本堂は文久元年（1861年）に建てられたもの。
下／境内の六地蔵尊。門前には古くからの「庚申塔」がある。

ワンモアポイント
山門の内側に枝垂桜があり、3月下旬が見頃。その間、夜はライトアップがなされている。

馬込不動と親しまれているお寺

文亀二年（一五〇二年）に現在の地に移転し、元禄年間に堂宇が整えられ、現在の本堂は文久元年（一八六一年）に建てられ、昭和四十八年に復元工事が行われたものです。元は醍醐寺三寶院の末であり、9ヶ所の末寺があり、12社の別当を務めたといわれています。

境内にある十一面千手観音は元は光雲寺の本尊だったもので、現在は大田区の文化財に指定され、行基菩薩が鎌で彫ったといわれていることから「鎌作（かまつくり）観世音」とも呼ばれています。

❶ 本尊不動明王　❷ 弘法大師
❸ 不動明王の印
❹ 第八番
❺ 海岳山長遠寺と「長遠寺印」

―ご詠歌―
四国霊場第8番
熊谷寺

たきぎとり
水熊谷の
寺に来て
難行するも
後の世のため

● 所在地／東京都大田区南馬込5-2-10　● 電話／03-3771-8490
● アクセス／地下鉄都営浅草線馬込駅より徒歩約8分
● 駐車場／あり　拝観時間／9:00～17:00

MAP P11

山門脇の木戸には檀信徒以外入室お断りとあるが、ご朱印をいただくことはできる。

第9番

- 本尊　釈迦如来
- 開基　弘法大師
- 建立　不詳

龍巌寺（りゅうがんじ）

臨済宗南禅寺派

東京御府内八十八ヶ所の中で唯一の臨済宗の寺院

弘法大師が関東を巡った際に開創され、かつては真言宗の寺院であったと伝わります。門前の坂は、源義家が奥州征伐に向かう際に軍を揃え出陣したといわれる「勢揃坂（せいぞろいざか）」。境内には義家が腰掛けたという石などがあります。境内の撮影は一切禁じられているので、ルールを守ってお参りをお願いします。

ワンモアポイント

境内の撮影、ホームページ（ブログ）などへの掲載もNGなので、気を付けて参拝を。

① 本尊 釈迦牟尼佛　② 「弘法大師」と「黄金目不動明王」
③ 阿弥陀如来の種字「キリーク」
④ 原宿龍巌寺と「龍巌」

―ご詠歌―
四国霊場第9番
法輪寺

大乗の
ひほうもと
がもひろがえし
転法輪の縁
とこそきけ

- 所在地／東京都渋谷区神宮前二丁目3-8
- 電話／03-3402-1016
- アクセス／地下鉄大江戸線国立競技場駅より徒歩5分
- 駐車場／なし
- 拝観時間／9:00〜16:00

MAP P13

阿波国　土佐国　伊予国　讃岐国

第10番
近世三十三観音霊場
第20番

- 本尊　如意輪観世音菩薩
- 開基　行基菩薩
- 建立　神亀3年（726年）

聖輪寺
しょうりんじ

真言宗豊山派

上／御府内八十八ヶ所の中でもっとも古いお寺だが、本堂は現代風。
右上／こんなかわいいお地蔵さまも。
右下／本堂の左側にある庚申塔。

ワンモアポイント

「千駄ヶ谷」「北参道」各駅からも徒歩圏内。近くには新国立競技場、神宮球場などがあります。

観音坂の坂下にある千年以上の寺歴を持つお寺

飛鳥時代に創建されたといわれ、東京御府内八十八ヶ所で最も古く由緒ある札所です。神亀三年（七二六年）行基菩薩が開創し、本尊の如意輪観音も行基が作ったものといわれています。この観音には、観音の眼が金だと聞いて寺に盗みに入った賊が自分の刃に貫かれて死んでしまい、爾来「目玉の観音」として崇められたとのいい伝えがあるそうです。
本堂の脇には2基の庚申塔があり、庚申様が祀られています。

❶「本尊如意輪観世音」「弘法大師」　❷「不動明王」　❸「佛法僧寶」　❹「第十番」　❺聖輪寺と「観谷山聖輪寺」

― ご詠歌 ―
四国霊場第10番
切幡寺

欲心を
ただ一筋に
切幡寺
後の世までの
障りとぞなる

阿波国 / 土佐国 / 伊予国 / 讃岐国

- 所在地／渋谷区千駄ヶ谷1-13-11　　● 電話／03-3408-5586
- アクセス／総武線千駄ヶ谷駅・地下鉄大江戸線国立競技場駅より徒歩5分
- 駐車場／なし　　● 拝観時間／9:00～17:00

MAP P13

第11番

荘厳寺（しょうごんじ）

真言宗室生寺派

- 本尊　薬師如来
- 開基　宥悦法印
- 建立　永禄4年（1561年）

上／荘厳寺本堂。
右上／弘法大師修行像。
右下／境内にある大師堂。

ワンモアポイント

不動尊への参道として賑わったお寺の前の「不動通り」。現在は「不動通り商店街」となっている。

幡ヶ谷不動尊として信仰を集めている不動明王

永禄四年（一五六一年）に宥悦法印によって開創されたと伝わりますが、度重なる火災で記録が焼失してしまい、詳細は分かっていません。境内の本堂は幡ヶ谷不動堂と呼ばれ、かつて幡ヶ谷氷川神社の別当であったことによります。

不動堂に祀られている不動明王は、平貞盛・藤原秀郷から武田信玄、北条氏政の手を経て東大和市の三光院に祀られていましたが、延享四年（一七四七年）に荘厳寺境内に祀られました。

① 「本尊薬師如来」　② 「弘法大師」「不動明王」　③ 「宝珠」　④ 「御府内第拾壱番」　⑤ 光明山荘厳寺と「幡ヶ谷不動荘厳寺」

― ご詠歌 ―
四国霊場第11番
藤井寺

色も香も
無比中道の
藤井寺
真如の波の
たたぬ日もなし

- 所在地／東京都渋谷区本町2-44-3
- 電話／03-3376-6991
- アクセス／京王線初台駅より徒歩6分
- 駐車場／有（5台）
- 拝観時間／8:00～16:00

MAP P28

第12番

- 本尊　不動明王
- 開基　源義家
- 建立　寛治年間（1087〜94）

宝仙寺（ほうせんじ）

真言宗豊山派

ワンモアポイント
江戸六塔の一つである「三重塔」や戦前置かれていた中野町役場跡の石碑などがある。現在の三重塔は平成4年に再建。

著名人の葬儀・告別式も多く執り行われる寺院。
右上／使われなくなった石臼を供養するため「石臼塚」。
右下／弘法大師の御影を安置している「御影堂」。

千年近くの歴史を誇る古刹

寛治年間（一〇八七〜一〇九四年）、奥州から凱旋して京へ向かっていた源義家が八幡社に参詣し、その隣に陣中の念持仏であった不動明王を安置するために一寺を建立したのがはじまりで、源義家に地主神の稲荷大明神が「この珠は希世之珍、宝中之仙である。これを以て鎮となさらば、則ち武運長久、法灯永く明らかならん」と告げ、宝仙寺と称するようになったと伝わります。
境内には三重塔や、使われなくなった石臼に感謝し供養するために作られた石臼塚などがあります。

❶ 日輪弘法大師
❷ 弥勒菩薩の種字「ユ」
❸ 御府内八十八ヶ所第十二番
❹ 中野宝仙寺と「明王山宝仙寺」

—ご詠歌—
四国霊場第12番
焼山寺

後の世を
思えば恭敬
焼山寺
死出や三途の
難所ありとも

阿波国 ／ 土佐国 ／ 伊予国 ／ 讃岐国

- 所在地／東京都中野区中央2-33-3
- 電話／03-3371-7101
- アクセス／地下鉄中野坂上駅より徒歩5分
- 駐車場／有（60台）無料
- 拝観時間／9:00〜16:00

MAP P28

第13番 弘法寺

高野山真言宗

- 本尊　弘法大師
- 開基　弘法大師
- 建立　816年(弘仁7年)

上／2014年に新しく建立された上品で凛々しい外観。春には枝垂桜が咲く。
右上／100年以上続く弘法寺の本堂の姿をそのまま再現。
右下／渡邊綱産湯の古井戸。

ワンモアポイント

三田は大江山の鬼退治（酒呑童子）が伝えられており、今も「綱坂」などの地名が残る。

羅生門の鬼退治で有名な平安時代の武士、渡辺綱ゆかりの地

元は高野山の山内子院の一つで、弘仁七年（八一六年）、弘法大師が高野山開創の際、声明の道場として建立されたことが由来とされています。天保一三年（一八四二年）、高野山の大火事で焼失し、明治二四年（一八九一年）頃、高野山より現在の場所に移転したといわれています。

このあたりは渡辺綱の出生の地といわれており、境内には渡辺綱の産湯を汲んだといわれる古井戸が残されています。

① 本尊弘法大師　② 南無大師遍照金剛
③ 弘法大師種字「ユ」
④ 御府内第拾参番札所
⑤ 三田高野山弘法寺

― ご詠歌 ―
四国霊場第13番
大日寺

阿波の国
一の宮とは
ゆうだすき
かけてたのめや
この世のちの世

● 所在地／東京都港区三田2-12-5　● 電話／03-6809-5250
● アクセス／都営三田線三田駅より徒歩5分
● 駐車場／なし　● 拝観時間／10:00〜19:00

MAP P10

第14番

- 本尊　不動明王
- 開山　頼珍和上
- 建立　文亀・永正年間
　　　　（1501〜1520年）

福蔵院（ふくぞういん）

真言宗豊山派

上／本尊の不動明王、十一面観音の立像、難陀龍王立像、雨宝童子立像が安置されている本堂。
下／初七日から三十三回忌までを司る、十三仏の石仏。

ワンモアポイント

境内には中野区の文化財に指定された石造物が多い。

初七日から三十三回忌までを司る、十三仏がある

創建の詳細は分かっていないが、開山した僧頼珍が大永元年（一五二一年）に亡くなっていることから文亀・永正年間に創建されたと推測されます。元々は鷺宮八幡神社の別当でした。宝暦十二年（一七六二年）に火災で全焼してしまい、現在の本堂は昭和三十五年（一九六〇年）に建て替えられたものです。
境内には初七日から三十三回忌までを司る、十三仏の石仏が安置されています。十三体そろって祀られているのは珍しいことです。

❶本尊 不動明王　❷弘法大師
❸不動明王の種字「カーン」
❹第十四番
❺福蔵院と「福蔵院印」

―ご詠歌―
四国霊場第14番
常楽寺

常楽の
　岸にはいつか
　到らまし
弘誓の船に
　乗り遅れずば

阿波国

土佐国

伊予国

讃岐国

● 所在地／東京都中野区白鷺1-31-5　● 電話／03-3338-0183
● アクセス／西武新宿線鷺ノ宮駅より徒歩3分
● 駐車場／あり　● 拝観時間／9:00〜17:00

MAP P29

第15番

- 本尊　薬師如来
- 開山　不詳
- 建立　良弁僧都

南蔵院（なんぞういん）

真言宗豊山派

上／江戸期に建立されたという本堂。
右上／本堂脇にある修行大師像。
右下／写真の鐘楼門や閻魔堂、薬師堂などは宝暦3年（1753年）に建立されたもの。

ワンモアポイント

長屋門・鐘楼門（練馬区指定文化財）・薬師堂・閻魔堂・不動堂・仁王像・日川地蔵などがある。

区の文化財にも指定されている鐘楼門

開創年代は不詳。延文二年（一三五七年）に良弁僧都が行脚中にこの寺に滞在し、薬師如来を感得し、堂宇を造り安置したものが現在の本尊だそうです。良弁が夢の中で手に入れたといわれる「白龍丸」という薬を製造し、配っていました。病に効くと好評で「南蔵院の投げ込み」と称されていましたが、明治十年（一八七七年）の「売約規則」の発布によって中止されました。

①本尊 薬師如来　②佛法僧宝
③第十五番
④南蔵院と「南蔵院印」

●所在地／東京都練馬区中村1-15-1　●電話／03-3999-0219
●アクセス／西武池袋線練馬駅より徒歩15分
●駐車場／なし　●拝観時間　8:00～16:00

MAP P25

── ご詠歌 ──
四国霊場第15番
国分寺

薄く濃く
わけわけ色を
染めぬれば
流転生死の
秋の紅葉ば

阿波国　土佐国　伊予国　讃岐国

第16番

豊島八十八ヶ所第16番
関東三十六不動第11番
武蔵野三十三観音第3番

・本尊　不動明王
・開山　幸尊法印
・建立　応永元年（1394年）

三寶寺（さんぼうじ）

真言宗智山派

ワンモアポイント

入口には三寶寺と刻まれた石標が立ち、参道に沿って石灯籠が並んでいる。

上／本堂は昭和28年に再建され、堂内には本尊の不動明王像が安置されている。
右上／「御成門」この寺で最も古い建物で建立後およそ三百余年といわれている。
右下／四国八十八ヶ所のお砂踏霊場。

徳川家光が鷹狩りの際にお成りになった「御成門」

応永元年（一三九四年）に鎌倉大楽寺の大徳権大僧都幸尊法印が創建し、文明九年（一四七七年）、太田道灌により当地へ移転、天正一九年（一五九一年）には一〇石を与えられた御朱印寺でした。
山門は文政一〇年（一八二七年）に建てられたもので、徳川家光が鷹狩りの際にお成りになったことから「御成門」と呼ばれています。また、長屋門はもとも と勝海舟邸にあり、昭和三五年（一九六〇年）に移築されたものです。

❶本尊 不動明王　❷弘法大師
❸不動明王の種字「カンマーン」
❹第十六番
❺三寶寺と「常法談林所三宝寺印」

――ご詠歌――
四国霊場第16番
観音寺

忘れずも
導きたまえ
観音寺
西方世界
弥陀の浄土へ

阿波国

土佐国

伊予国

讃岐国

●所在地／東京都練馬区石神井台1-15-6　　●電話／03-3996-0063
●アクセス／西武池袋線石神井公園駅より徒歩20分
●駐車場／有（20台）無料　　●拝観時間／9:00～16:00

MAP P23

第17番

武蔵野三十三観音1番
豊島八十八ヶ所17番

- 本尊　十一面観世音菩薩
- 開山　慶算阿闍梨
- 建立　慶長18年(1613年)

長命寺（ちょうめいじ）

真言宗豊山派

上／不動明王などが安置されている本堂。
下／山号の由来となった「奥之院」。

ワンモアポイント

高野山を模した寺ということもあり、「奥之院」を始め「姿見の井戸」や「御廟橋」など見応えのあるものが多い。

高野山を模した信仰の高いお寺

慶長一八年（一六一三年）、後北条氏の一族である増島重明（北条早雲のひ孫にあたる）。のちに出家して慶算阿闍梨になる）によって弘法大師像を祀る庵を作ったのが始まりといわれています。その後、奈良・長谷寺の小池坊秀算により十一面観音像が作られ、「長命寺」の称号を得ました。

当初は秀算により山号を谷原山と称しましたが、高野山奥の院を模して多くの石仏・石塔が作られており、東高野山とも称されるようになり「東高野山」として人々から信仰を得るようになりました。

❶本尊十一面観世音を表す弥勒菩薩の種字「ユ」
❷弘法大師を表す
❸御府内十七番
❹長命寺と「東高野山」

― ご詠歌 ―
四国霊場第17番
井戸寺

面影を
映してみれば
井戸の水
結べば胸の
垢や落ちなん

- 所在地／東京都練馬区高野台3-10-3　● 電話／03-3996-0056
- アクセス／西武池袋線練馬高野台駅より徒歩6分
- 駐車場／有(10台)　● 拝観時間／9:00～16:00

MAP P22

第18番

- 本尊　大日如来
- 開基　正濟上人
- 創建　慶長16年(1611年)

愛染院（あいぜんいん）

真言宗豊山派

上／きれいに手入れされた境内。
下／太平洋戦争の金属回収令により供出したが、百字真言や叙は貴重なものとして返却された「梵鐘」。

ワンモアポイント
ご朱印は、写経を納めた場合のみ手書きのものがいただけます(納めない場合スタンプ式)。

新宿の生みの親、高松喜六と江戸中期の国学者塙保己一の墓

慶長十六年（一六一一年）、江戸前期の武将として知られる加藤清正の実弟・正濟上人が麹町貝坂のあたりに開いたといわれています。寛永十一年（一六三四年）に現在の地に移転しました。
境内には、内藤新宿の開発人といわれる高松喜六、「群書類従」を編集した盲目の大学者塙保己一の墓があり、どちらも新宿区の史跡に指定されています。

＊愛染院では、納経した方のみ、手書きのご朱印がいただけますので、公開を控えさせていただきます。納経しない場合は、自身でスタンプを押すことになっています。

— ご詠歌 —
四国霊場第18番
恩山寺

子を産める
その父母の恩
訪ぶらいがたき
山寺
ことはあらじな

阿波国
土佐国
伊予国
讃岐国

- 所在地／東京都新宿区若葉2-8-3　　●電話／03-3351-2781
- アクセス／地下鉄丸の内線四谷三丁目駅より徒歩8分・JR四谷駅より徒歩10分
- 駐車場／なし　　●拝観時間／10:00～16:00

MAP P17

第19番
豊島八十八ヶ所77番

- 本尊　薬師如来
- 開山　円宗大和尚
- 建立　不詳

青蓮寺（しょうれんじ）

真言宗智山派

上／昭和34年（1959年）に改築された本堂。
下／大正13年に、御府内八十八ヶ所霊場19番札所となった。

ワンモアポイント
春は山門や境内のしだれ桜が美しい。

本堂には二体の弘法大師像

本来一九番の札所は円福寺であったが、明治時代の神仏分離によって廃寺となり、清光院に移されました。その後関東大震災により、清光院も廃寺となってしまい、翌一三年（一九二四年）に青蓮寺に移されました。青蓮寺の創建の詳細はわかっていませんが、旧本堂を解体した際に開山が円宗大和尚であることがわかりました。

本堂にある二体の弘法大師像は震災の中持ち出した清光院の御府内八十八ヶ所十九番の尊像と青蓮寺に伝わってきた豊島八十八ヶ所七十七番の尊像だそうです。

① 薬師如来　② 薬師如来の種字「ベイ」
③ 「第十九番」
④ 青蓮寺と「瑠璃山青蓮寺清光院」

●所在地／東京都板橋区成増4-36-2　●電話／03-3930-3895
●アクセス／東武東上線成増駅より徒歩10分
●駐車場／有（3台）　●拝観時間／9:00～16:00

MAP P24

―ご詠歌―
四国霊場第19番
立江寺

いつかさて
西の住居の
わが立江
弘誓の舟に
乗りて到らん

第20番

- 本尊　不動明王
- 開基　宥俊阿闍梨
- 創建　不詳

鏡照院（きょうしょういん）

真言宗智山派

上／本堂は3階建てのビルの1階。本尊もすぐ近くにみえる。
下／本堂脇にはお稲荷さんが祀られている。

ワンモアポイント

愛宕通りを挟んで一本裏通りにある。

徳川家康の念持仏とされる将軍（勝軍）地蔵を祀る由緒あるお寺

応永六年（一三九九年）、常陸国の海上に出現した「身代不動明王」を笠間の地で祀っていましたが、慶長八年（一六〇三年）、当時の住職、宥俊阿闍梨が江戸に移し、愛宕下に改めて鏡照院が開かれたといわれています。平成六年に現在地に移転。

この不動尊像は弘法大師の作と伝えられ、あらゆる災厄に際して、身代わりに立ってくださるありがたい仏様で、将軍家をはじめ、諸大名からの信仰を得たといわれています。

❶ 御本尊 身代不動尊
❷ 不動明王の種字「カン」
❸ 第二十番
❹ 鏡照院と「鏡照院印」

―ご詠歌―
四国霊場第20番
鶴林寺

しげりつる
鶴の林を
しるべにて
大師ぞすます
地蔵帝釈

阿波国
土佐国
伊予国
讃岐国

●所在地／東京都港区西新橋3-14-3　●電話／03-3432-6065
●アクセス／地下鉄三田線御成門駅より徒歩6〜7分
●駐車場／なし　●拝観時間　9:00〜17:00

MAP P12

第21番

- 本尊　大日如来
- 開基　祐賢法印
- 建立　天正3年(1575年)

東福院(とうふくいん)

新義真言宗

上／第18番札所「愛染院」の向かい側にある。
右／切り落とされた手首をさすると傷・腫れ物が治るとの信仰がある豆腐地蔵。（2015年の写真）
左／本殿は二階にあるので、普段は境内の観音像に手を合わせる。

❶本尊　大日如来・豆腐地蔵の印
❷弘法大師・興教大師　❸大日如来の種字「バン」　❹第二十一番　❺四谷東福院と「東福院印」

傷・腫れ物が治るといわれる豆腐地蔵

天正三年（一五七五年）大澤孫右衛門尉が檀越となり、祐賢法印が麹町九丁目に創建したといわれています。その後寛永十一年（一六三四年）に現在の地に移転。

境内の「豆腐地蔵」には伝説があり、心根の悪い豆腐屋の元に、毎日豆腐を買いにきたお坊さんの払った代金が葉っぱに代わっていたことを狸や狐の仕業だろう怒った豆腐屋が、そのお坊さんの手首を切り取り、翌朝、血痕をたどると東福院の地蔵堂まで続いており、お地蔵様の手首が切れていた、と伝わっています。

―ご詠歌―
四国霊場第21番
太龍寺

太龍の
常に住むぞや
げに岩屋
舎心 開持は
守護のためなり

●所在地／東京都新宿区若葉二丁目2−6　●電話／03-3351-7315
●アクセス／地下鉄丸の内線四谷三丁目駅より徒歩10分
●駐車場／なし　●拝観時間／9:00〜17:00

MAP P17

第22番

- 本尊　千手観世音・菩薩
- 開山　正胤法印
- 建立　元和元年(1615年)

南蔵院
真言宗豊山派

上／現在の本堂は昭和59年(1984年)に建てられたもの。
下／本堂の横には小さなお堂(歓喜天)がある。

ワンモアポイント

門前には「御府内八十八箇所之内・阿波国平等寺模第弐二番・弘法大師・天谷山南蔵院」と朱色で刻んだ標石。

牛込神楽坂駅から地上に出るとすぐのお寺

元和元年(一六一五年)に正胤法印が早稲田に福生院として創建、延宝九年(一六八一年)に現在の地に移転し南蔵院と改称しました。正胤法印は天正一八年(一五九〇年)に関東攻めで小田原北条氏とともに戦い滅んだ下総千葉氏の一族であると言われています。

江戸時代には幕府の武器を「箪笥」と呼んでおり、南蔵院のある箪笥町は武器を調達する者たちが集まっていたことから箪笥町と名付けられたといいます。

① 本尊 千手観世音菩薩　② 弘法大師
③ 千手観音の種字「キリーク」
④ 第弐拾弐番
⑤ 牛込南蔵院と「天谷山南蔵院」

―ご詠歌―
四国霊場第22番
平等寺

平等に
へだてのなきと
聞く時は
あら頼もしき
仏とぞみる

- 所在地／東京都新宿区箪笥町42　●電話／03-3260-2474
- アクセス／都営大江戸線牛込神楽坂駅より徒歩1分
- 駐車場／有　●拝観時間／9:00〜17:00

MAP P17

第23番
関東三十六不動 第21番

- 本尊　不動明王
- 開山　大印僧都
- 建立　天正13年(1585年)

薬研堀不動院
（やげんぼりふどういん）

真言宗智山派

上／住宅地の細い路地沿いにある。階段をのぼると本堂。
下／納めの歳の市の碑。昔は下町情緒豊かな歳末風景がみられた。

ワンモアポイント

明治二五年（一八六二年）、川崎大師平間寺の東京別院となりました。

「江戸三大不動」として有名な川崎大師の東京別院

天正一三年（一五八五年）、豊臣秀吉が根来寺（ねごろじ）を焼き討ちした際、大印僧都が不動尊像を背負い、東国に下って現在の地に安置し、堂宇を建立したのがはじまりといわれています。それが由来で「葛籠不動」と呼ばれ、目白不動・目黒不動と並んで江戸三大不動のひとつです。
薬研堀不動院は講談とゆかりが深く、毎月二八日のお不動様のご縁日には奉納講談がおこなわれています。

① 不動明王の種字「カーン」に「大聖不動明王」　② 不動明王の種字「カーン」
③ 御府内第廿三番
④ 薬研堀不動院と「薬研堀不動院」

― ご詠歌 ―
四国霊場23番
薬王寺

皆人の
やみぬる年の
薬王寺
るりの薬を
あたへまします

●所在地／東京都中央区東日本橋2-6-8　●電話　03-3866-6220
●アクセス／都営浅草線東日本橋駅より徒歩3分
●駐車場／なし　●拝観時間／9:00～17:00

MAP P15

土佐国の写し霊場

【修行の道場】

四国八十八ヶ所の霊場では高知県にあたります。八十八ヶ所巡りももうすぐ折り返し地点。精神を研ぎすまし、長い長い修行の道を進みます。

第24番

- 本尊　釈迦牟尼如来
- 開基　北条時頼
- 建立　鎌倉時代

最勝寺（さいしょうじ）

真言宗豊山派

ワンモアポイント

戦災者慰霊碑や百八十八霊場巡拝供養塔、無縁法界塔などもある。

上／枝垂桜でも有名なお寺。夏は百日紅も美しい。
右上／大師堂。
右下／本堂前の祠にかわいらしい七福神が並んでいる。

廃寺となった内藤新宿花園神社の別当寺三光院の大師堂を吸収

いつ開創・建立されたか詳細は分かっていないが鎌倉幕府の第五代目執権、最明寺入道こと北条時頼によって開創されたと伝わります。江戸時代には中井御霊神社、下落合・東山藤稲荷神社の別当をつとめました。
戦火や自然災害に遭うたびに何度も再建され、現在に至っており、境内には大師堂や宝暦九年（一七六九年）建立の大宝篋印塔、七福神の石像が並ぶ岩窟があります。

① 釈迦如来の種字「バク」に「釈迦牟尼如来」
② 弘法大師
③ 釈迦如来の種字「バク」
④ 御府内第廿四番
⑤ 高天山最勝寺と「高天山最勝寺」

― ご詠歌 ―
四国霊場第24番
最御崎寺

明星の
出でぬる方の
東寺
時き迷いは
などかあらまじ

● 所在地／新宿区上落合3-4-12　● 電話／03-3360-2624
● アクセス／東西線落合駅より徒歩3分。
● 駐車場／有（15台）　● 拝観時間／9:00〜16:00

MAP P21

第25番

- 本尊　不動明王
- 開基　頼音和尚
- 建立　元和6年（1620年）

長楽寺
ちょうらくじ

真言宗豊山派

上／多摩動物公園に向かって右の坂道にあるお寺。まずは寺務所に声掛けを。
右上／大師堂内に弘法大師像。
右下／しあわせ小僧。向かい合って、掌のしわとしわを合わせれば、しあわせがやって来ます。

ワンモアポイント
月曜日は終日、他の曜日は16時に閉門するので、なるべく早い時間に訪問を。

丘陵の斜面を切り開いて建てられたお寺

もとは新宿区西新宿三丁目にあり、大本堂・書院・庫裡・大師堂・地蔵堂・鐘楼・山門を備えた大寺院で、昭和二〇年（一九四五年）に戦火で焼失し、昭和三四年（一九五九年）に現在の場所に移転しました。
元和六年（一六二〇年）に渡辺与兵衛が頼音和尚に帰依して堂宇を建立、慶安三年（一六五〇年）に徳川家綱により現在の銘を与えられたと伝わります。家綱の鷹狩りの際には御膳場として利用されたともいわれています。

① 不動明王の種字「カーン」に「本尊大聖不動明王」　② 弘法大師　③ 梵字の「カーン」　④ 奉納経　御府内八十八ヶ所第廿五番霊場　⑤ 六所山長楽寺と「六所山長命院長楽寺」

― ご詠歌 ―
四国霊場第25番
津照寺

法の舟
入るか出るか
この津寺
迷うわが身を
のせてたまえや

阿波国

土佐国

伊予国

讃岐国

●所在地／東京都日野市程久保8-49-18　●電話／042-591-2655
●アクセス／多摩都市モノレール多摩動物公園駅より徒歩2分
●駐車場／有（4台）　●拝観時間／9:00〜16:00（月曜日を除く）

MAP P27

第26番

- 本尊　延命地蔵菩薩
- 開創　智弁阿闍梨
- 建立　正暦元年（990年）

来福寺（らいふくじ）

真言宗智山派

上／戦後、昭和27年（1952年）に再建された本堂。
下／江戸時代の終わりごろに建てられ、戦災での焼失をまぬがれた山門。

ワンモアポイント

境内の松は、この寺が鎌倉時代の武将梶原景季に縁があると伝えられることから「梶原の松」と呼ばれる。

❶ 地蔵菩薩の種字「カ」に「本尊延命地蔵菩薩」　❷ 弘法大師
❸ 梵字の「カ」　❹ 二十六番
❺ 海賞山地蔵院来福寺と「来福寺之印」

本尊は延命地蔵、別名経読地蔵（きょうよみじぞう）

正暦元年（九九〇年）智弁阿闍梨によって開創されたといわれています。

本尊の延命地蔵菩薩は、文亀元年（一五〇一年）梅岩という僧が、源頼朝が納経した納経からお経を読む声が聞き、その塚を掘り起こしたところ地蔵菩薩が現れ、来福寺に納められたものだといわれています。以来、別名を「経読地蔵（きょうよみじぞう）」といわれるようになったそうです。

―ご詠歌―
四国霊場第26番
金剛頂寺

往生に
望みをかくる
極楽は
月のかたむく
西寺の空

- 所在地／東京都品川区東大井3-13-1　● 電話／03-3761-1620
- アクセス／京急本線立会川駅より徒歩10分
- 駐車場／有（20台）無料　● 拝観時間／9:00〜17:00

MAP P10

第27番

- 本尊　薬師如来
- 開基　黒田忠之
- 建立　寛永7年(1630年)

正光院（しょうこういん）

高野山真言宗

上／現在の本堂は昭和55年（1980年）建立。完成間近に調査判明した境内堂宇配置古図面と全く同じだった。下／六本木ヒルズにも近い、麻布のオアシスのお寺。

ワンモアポイント

テレビ朝日通り麻布税務署前。

子安薬師とも称されて江戸期には信仰を集めていた薬師如来

寛永七年（一六三〇年）、高野山正智院末寺として、筑前福岡二代目藩主である黒田忠之が福岡藩黒田家の祈願所として開基しました。開山は高野山正智院の宥専和尚と伝わります。かの有名な「黒田事件」の際、宥専が黒田家安泰を祈願し、危機を乗り越えました。それに感謝した黒田忠之が瑠璃光薬師の尊像を寄贈し、本尊としましたが、戦火で焼失。現在の本尊は高野山親王院から寄贈されたものです。

❶ 薬師如来の種字「バイ」に「本尊薬師如来」　❷「弘法大師」「不動明王」
❸ 梵字「バイ」　❹「瑠璃光」
❺ 麻布高野山正光院「麻布正光院」

―ご詠歌―
四国霊場第27番
神峯寺

みほとけの
めぐみの心
こうのみね
山も誓いも
高き水音

●所在地／東京都港区元麻布3-2-20　●電話　03-3408-4915
●アクセス／地下鉄日比谷線六本木駅より10分・大江戸線六本木駅より12分
●駐車場／なし　●拝観時間／日没まで

MAP P13

阿波国　土佐国　伊予国　讃岐国

第28番

- 本尊　胎蔵界・金剛界大日如
- 開山　覚彦浄厳律師
- 建立　元禄4年（1691年）

霊雲寺（れいうんじ）

真言宗霊雲寺派 総本山

上／昭和51年（1976年）に再建された大本堂。
右上／惣門をくぐると広々とした境内。
右下／お地蔵さまが上に坐す「百度石」。

ワンモアポイント

丸の内・大江戸線「本郷三丁目」やJR「御茶ノ水」駅からも歩いて10分ほど。

徳川幕府の永代祈願所として設けられたお寺

元禄四年（一六九一年）に徳川綱吉の命により、浄厳律師覚彦が徳川家の祈願所として創建したといわれています。綱吉公自筆の大元帥明王と不動明王の画像がありましたが、戦火により現在は不動明王のみが残っています。

浄厳律師覚彦は学僧として大きな成果を残し、江戸にわたり柳沢吉保に帰依を受け、元禄四年（一六九一年）に徳川綱吉に観音経を講義し信頼を得て、霊雲寺を建立するよう命じられたと伝わります。

① 本尊大日如来　② 弘法大師
③ 霊雲精舎　④ 第二十八番
⑤ 湯島霊雲寺と印

― ご詠歌 ―
四国霊場第28番
大日寺

つゆ霜と
罪を照らせる
大日寺
などか歩みを
運ばざらまし

- 所在地／東京都文京区湯島2-21-6
- 電話／03-3811-1816
- アクセス／地下鉄千代田線湯島駅より徒歩5分
- 駐車場／有（3台）
- 拝観時間／10:00～16:00（11:30～13:00は受付不可）

MAP P16

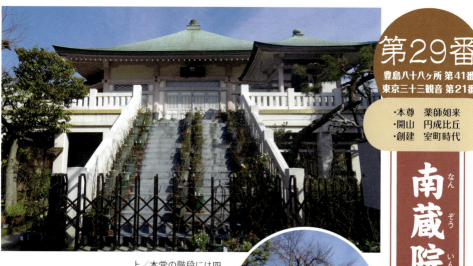

第29番

豊島八十八ヶ所 第41番
東京三十三観音 第21番

・本尊　薬師如来
・開山　円成比丘
・創建　室町時代

南蔵院（なんぞういん）

真言宗豊山派

上／本堂の階段には四季折々の鉢植。
右上／山門のところには「宝篋印塔」がある。

ワンモアポイント

本堂へ向かう途中には赤い帽子をかぶったお地蔵さまが並ぶ。

三遊亭圓朝の名作「怪談乳房榎」ゆかりの寺

寺の前に「鏡が池」という大きな池があったことから、大鏡山との山号が付けられたといわれています。境内には元禄九年（一六九六年）に神保長賢より寄進された山吹の里弁才天の石碑や庚申塔、六地蔵、彰義隊九士の首塚などがあります。

本尊の薬師如来は聖徳太子の作といわれ、奥州藤原氏の持仏であったといわれています。これを諸国巡歴中の円成比丘が譲り受け、高田の里に草堂を建てて安置したのがはじまりと伝わります。

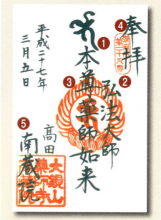

❶薬師如来の種字「バイ」に「本尊薬師如来」　❷弘法大師　❸梵字の「バイ」
❹御府内第二十九番
❺高田南蔵院と「大鏡山薬師寺南蔵院」

― ご詠歌 ―
四国霊場第29番
国分寺

国を分け
宝を積みて
建つ寺の
末の世までの
利益のこせり

●所在地／東京都豊島区高田1-19-16　●電話／03-3971-7231
●アクセス／都電荒川線面影橋駅より徒歩5分、地下鉄副都心線雑司ヶ谷駅より徒歩10分、JR高田馬場駅より徒歩15分　●駐車場／有(1台)　●拝観時間　9:00〜17:00

MAP P20

第30番

昭和新選江戸三十三観音霊場第15番
東京三十三観音霊場第22番
山の手三十三観音霊場第16番

- 本尊　聖観世音菩薩
- 開基　良昌上人
- 建立　寛永18年(1641年)

放生寺（ほうしょうじ）

高野山真言宗 準別格本山

上／高田八幡(穴八幡)の別当寺として開創されたお寺。
右上／灯籠堂に祀られた「神変大菩薩」。
右下／修行大師の敷石の下は四国八十八ヶ所の「お砂踏み霊場」。

ワンモアポイント

放生寺と穴八幡宮は境内を隣り合わせています。

「一陽来福」のお守りでも広く知られているお寺

寛永十八年(一六四一年)に、威盛院権大僧都良昌上人が高田八幡(穴八幡)の造営に尽力し、その別当寺として開創されたお寺です。徳川家代々の祈願寺として葵の紋を寺紋に用いることを許されました。境内の修行大師の敷石の下は四国八十八ヶ所の「お砂踏み霊場」となっています。また灯籠堂には「神変大菩薩」が祀られ、山野を駆け巡って修行したことから、足腰の弱い人を救うとされ、お守りを授与しています。

❶ 聖観世音菩薩の種字「サ」に「聖観世音」
❷ 弘法大師　❸ 仏法僧宝
❹ 弘法大師 御府内 第三十番
❺ 光松山放生寺と「高野山真言宗準別格本山光松山放生寺」

―ご詠歌―

四国霊場第30番
善楽寺

人多く
立ち集まれる
一の宮
昔も今も
栄えぬるかな

● 所在地／東京都新宿区西早稲田2-1-14　　● 電話／03-3202-5667
● アクセス／地下鉄東西線早稲田駅より徒歩3分
● 駐車場／なし　　● 拝観時間／9:00～17:00

MAP P20

第31番

- 本尊　大日如来
- 開山　覚祐上人
- 建立　天正年間
　　　（1573〜92年）

多聞院（たもんいん）

真言宗豊山派

上／裳腰付きの木造本堂。
下／境内には江戸時代に当道座の総検校となった吉川湊一の墓があり、文化財に指定されている。

ワンモアポイント

松井須磨子の墓のほか、比翼塚・生田春月の詩碑、吉川湊一の墓などがある。

住宅街にある長い歴史を持つお寺

天正年間（一五七三〜一五九二年）に平河口（現在の千代田区平川町）に創建され、江戸城造営のため慶長十二年（一六〇七）に牛込御門外に移り、その後さらに寛永十二年（一六三六年）、境内がお堀用地になったため現在の地に移転しました。
境内には御府内八十八ヶ所を開創したといわれる正等大阿闍梨の百五十年供養塔があり、隣には御府内八十八ヶ所開創百五十年の供養塔もあります。墓地には大正時代の新劇女優松井須磨子の墓などがあります。

❶本尊大日如来　❷弘法大師
❸大日如来の種字「バン」
❹第三十一番
❺牛込多聞院と「照臨山多聞院之印」

――ご詠歌――
四国霊場第31番
竹林寺

南無文殊
三世の諸仏の
母と聞く
われも子なれば
乳こそほしけれ

●所在地／東京都新宿区弁天町100　●電話／03-3268-7998
●アクセス／都営大江戸線牛込柳町駅より徒歩6分
●駐車場／有(8台)　●拝観時間／9:00〜17:00

MAP P17

阿波国
土佐国
伊予国
讃岐国

第32番

- 本尊　不動明王 十一面観音
- 開山　木食義高僧正
- 建立　1710年（宝永7年）

圓満寺（えんまんじ）

真言宗御室派

上／ビル内にありながら、本堂はゆったりとした広さ。
右上／参拝時は留守の場合は書き置きの納経印となる。
右下／現在のビルは昭和53年（1978年）に建てられた。

ワンモアポイント

通りに山門はなく、ビルになっている。本堂は9階にあるので、まずは8階の庫裏に声掛けを。

「湯島の木食寺」とよばれていたお寺

宝永七年（一七一〇年）に木食義高上人によって開創され、鎮護国家を祈願する道場として幕府より寺社奉行直支配・独礼の待遇を整備されました。伽藍は何度も災害で焼失しましたが、戦後に復興され、現在のビルは昭和五三年（一九七八年）に建てられました。

木食上人とは、木食戒という火食・肉食を避け、木の実・草のみを食べる修行を受けた僧のこと。木食義高上人は足利義輝将軍の孫であると伝えられています。

❶本尊不動明王　❷「十一面観音」「弘法大師」　❸十一面観音の種字「キャ」　❹不動明王の種字「カーン」　❺御府内第三十二番　❻旧御室御所院室圓満寺と「圓満寺 木食寺」

―ご詠歌―
四国霊場第32番
禅師峰手寺

静かなる
我がみなもとの
禅師峰寺
浮かぶ心は
法の早船

●所在地／東京都文京区湯島1-6-2　●電話／03-3815-5620
●アクセス／JR御茶ノ水駅より徒歩5分
●駐車場／なし　●拝観時間／日曜などは要連絡

MAP P16

第33番

江戸六地蔵第3番
豊島八十八ヶ所霊場第33番

- 本尊　薬師如来
- 開山　行基菩薩
- 建立　不詳

眞性寺（しんしょうじ）

真言宗豊山派

上／参拝者が絶えないお寺。このお寺への巡礼が巣鴨の発展につながったともいわれる。
右上／中山道を見守ってきた唐銅製のお地蔵さま。
右下／境内にある修行大師像。

ワンモアポイント

「志ら露も　古保連ぬ萩のう褌里哉」との芭蕉の句が刻まれた碑などもある。

大きなお地蔵さまは江戸六地蔵のひとつ

昔、中山道の出入口として栄えていた「巣鴨地蔵通り商店街」の入口に建つお寺です。創建については不詳。本尊の薬師如来は行基菩薩によって作られたといわれています。もとは御室御所仁和寺の末で、明治四三年（一九一〇年）豊山長谷寺の末となりました。境内にある地蔵菩薩は唐銅製の坐像で、蓮花台も含めると三・四五メートル。太田駿河守正義によって正徳四年（一七一四年）に作られたものです。江戸六地蔵の第三番とされています。

① 本尊 薬師如来
② 弘法大師
③ 薬師如来の種字「ベイ」
④ 御府内八十八所 第三十三番
⑤ 巣鴨眞性寺と「醫王山東光院眞性寺」

― ご詠歌 ―
四国霊場33番
雪蹊寺

旅の道
うえしも今は
高福寺
のちのたのしみ
有明の月

阿波国
土佐国
伊予国
讃岐国

● 所在地／東京都豊島区巣鴨3-21-21　● 電話／03-3918-4068
● アクセス／JR山手線・都営三田線巣鴨駅A3出口より徒歩3分
● 駐車場／なし　● 拝観時間／特になし

MAP P19

第34番

- 本尊　薬師如来
- 開山　品隆上人
- 建立　文明4年(1472年)

三念寺（さんねんじ）

真言宗豊山派

上／二階建てのビルのような建物。
下／黒御影石に「薬王山三念寺」と彫られた石柱がたっている。

ワンモアポイント
玄関から中に入ると右手に弘法大師像がある。

もとは三念寺の寺地にあった「三念坂」

文明四年（一四七二年）に品隆上人が、現在の千代田区五番町にある三年坂（当時は三念坂と呼ばれていた）に堂宇を建立し、建長八年（一六〇三年）に現在の地に移転したと伝わります。本尊は恵心僧都源信が母の病気平癒を祈願して彫ったという薬師如来。歴史に名を残す人物の墓が多数ありましたが、関東大震災の区画整備により現在は「多磨墓地」に移されています。

① 薬師如来の種字「ベイ」に「薬師如来」
② 弘法大師　③ 梵字「ベイ」
④ 第三十四番
⑤ 三念寺と「薬王山遍照院三念寺」

―ご詠歌―
四国霊場第34番　種間寺

世の中に
まける五穀の
たねま寺
深き如来の
大悲なりけり

- 所在地／東京都文京区本郷2-15-6
- 電話　03-3811-6893
- アクセス／地下鉄丸ノ内線本郷三丁目駅より徒歩5分
- 駐車場／なし
- 拝観時間／9:00～16:00

MAP P16

第35番

・本尊　薬師如来
・開基　栄誉上人
・建立　寛永12年(1636年)

根生院（こんしょういん）

真言宗豊山派

のぞき坂

宿坂の案内板

「根生院之道」道標

徳川家三代将軍家光の乳母の春日局が発願し、家光公自身が名を定めたといわれる『根生院』。今回は掲載させていただくことが叶いませんでした。

拝観・御朱印は他の寺院と同じように受付されています。

このお寺のある豊島区高田周辺は急な坂道が多く、中でも2丁目「のぞき坂」は「東京で最も急な坂」とも言われているそうです。

「第38番 金乗院(第54番 新長谷寺)」前の緩やかな長い坂は「宿坂」と呼ばれ、練馬方面から江戸に行くのにここで1泊しなければならなかったため、その名がついたそうです。
金乗院の向かい側に「根生院之道」という道標があります。

こぼればなし
～のぞき坂～

傾斜が「勾配22％　12.4度」といわれる、坂上まで行かないと坂下が見えないほどの急坂です。別名「胸突坂」と呼ばれています。

―ご詠歌―
四国霊場第35番
清瀧寺

澄む水を
汲めば心の
清滝寺
波の花散る
岩の羽衣

阿波国

土佐国

伊予国

讃岐国

第36番

- 開山／願行上人
- 本尊／薬師瑠璃光如来
- 建立／不詳

薬王院（やくおういん）

真言宗豊山派

上／緑に囲まれた境内。春は祇園しだれ桜も美しい。
右上／長谷寺から移植された牡丹が有名で、現在100種類、1000株。4月中旬〜下旬が見頃。
右下／山門から境内に入ると、松、欅、銀杏など様々な樹木があり、きれいに手入れされている。

ワンモアポイント

交通が便利な場所にあるため牡丹の時期は非常に混雑する。

ボタン寺・牡丹寺とも呼ばれている

創建についての詳細は分かっていないが、源頼朝が帰依した願行上人によって開山されたといわれています。その後荒廃してしまいましたが、延宝年間（一六七三〜一六八一年）に實寿が再興しました。元々は下落合にある氷川神社の別当でした。

境内の約千株の牡丹は昭和四十一年（一九六六年）に豊山長谷寺から百株程分けてもらったのが始まりで、「東長谷寺」とも呼ばれており、東国花の寺百ヶ寺にも認定されています。

① 薬師如来の種字「ベイ」に「薬師如来」
② 梵字の「ベイ」　③ 第三十六番
④ 薬王院と「薬王院印」

―ご詠歌―
四国霊場第36番
青龍寺

わずかなる
泉に住める
青龍は
仏法守護の
ちかいとぞ開く

- 所在地／東京都新宿区下落合4-8-2　● 電話／03-3951-4324
- アクセス／西武新宿線下落合駅より徒歩6分
- 駐車場／なし　● 拝観時間／9:00〜17:00

MAP P21

上／本堂は2階にある。
右上／行司の六代目式守伊之助の墓。
右下／東京大空襲によって大きな被害を受けた人々の供養塔。

第37番

- 本尊　薬師如来
- 開山　法印頼圓
- 建立　寛永6年(1629年)

萬徳院（まんとくいん）

高野山真言宗

ワンモアポイント

境内には東京大空襲によって大きな被害を受けたこの地域の人々を供養する「戦災殉難者供養塔」がある。

お相撲さんのお墓がたくさんある「相撲寺」

寛永六年（一六二九年）八丁堀材木町に創建、寛永二十年（一六四三年）に現在地に移転したといわれています。当初は市ヶ谷亀岡八幡宮の別当であった東円寺が第三十七番の札所でしたが、明治時代の神仏分離で廃寺となり、萬徳院に継承されました。江戸時代、この周辺に相撲部屋が多かったため、墓地には初代から九代の伊勢の海親方、初代若松、佐渡ヶ嶽の代々、さらに行司の六代目式守伊之助などの墓があり、「相撲寺」と呼ばれていました。

❶薬師如来の種字「ベイ」に「薬師如来」
❷梵字「ベイ」
❸御府内第三十七番
❹瑠璃光山萬徳院と「萬徳院章」

―ご詠歌―
四国霊場第37番
岩本寺

六つのちり
五つの社
あらわして
深き仁井田の
神のたのしみ

●所在地／江東区永代2-37-23　●電話／03-3641-2867
●アクセス／地下鉄東西線門前仲町駅より徒歩6分
●駐車場／なし　●拝観時間／特になし

MAP P14

阿波国　土佐国　伊予国　讃岐国

第38番

昭和新選江戸三十三観音 第14番
関東三十六不動霊場 第14番
江戸五色不動 目白不動

- 本尊　聖観世音菩薩
- 開基　永順法印
- 建立　1573〜1592年
　　　　（天正年間）

金乗院
（こんじょういん）

真言宗豊山派

上／現在の本堂は昭和46年に再建され、平成15年に全面改修された。
右上／寛政12年（1800年）に建てられた刀剣の供養塔「鍔塚（つばつか）」。
右下／剣に龍が巻き付いた図柄が彫られた「倶梨伽羅不動庚申塔」。

ワンモアポイント

境内には江戸時代の武士「丸橋忠弥」などのお墓もある。

江戸五色不動のひとつ「目白不動」も祀られている

創建年代は不詳ですが、天正年間に永順法印が観音堂を建立し、聖観音菩薩を安置したのがはじまりといわれています。当初は中野の宝仙寺の末寺でしたが後に現在の神霊山の金乗院と称して護国寺の末寺となりました。本尊の聖観世音菩薩は高さ7センチメートルの金銅仏で、秘仏とされています。山門は約200年前の建立で、昭和20年の戦災で屋根部分を焼失しましたが、昭和63年に檀徒の寄進により復元しました。

① 「聖観世音菩薩」　② 三十八番弘法大師　③ 聖観音の種字「サ」　④ 弘法大師御府内霊場第三十八 五十四番　⑤ 金乗院と「神霊山金乗院」

―ご詠歌―
四国霊場第38番
金剛福寺

ふだらくや
ここは岬の
船の竿
とるも捨つるも
法のさだ山

● 所在地／東京都豊島区高田2-12-39　● 電話／03-3971-1654
● アクセス／JR山手線目白駅より徒歩10分
● 駐車場／有（数台）無料　　拝観時間　9:00〜17:00

MAP P20

第39番

昭和新選江戸三十三観音霊場18番
関東九十一薬師第13番

- 開基　清心法印
- 本尊　潮干十一面観世音菩薩
- 建立　1598年(慶長3年)

真成院（しんじょういん）

高野山真言宗

上／建物は8階建てのビル。玄関(入り口)は観音坂の途中にある。
右上／弘法大師が祀られている本堂は玄関階。
右下／玄関の正面で真成院を鎮守している「雨宝稲荷」。

ワンモアポイント

観音堂は3階。階段をのぼる前に必ず受付に声掛けを。

難病平癒のお寺としても知られている

現在の建物は昭和四六年(一九七一年)に建てられたビルで、霊台(ビル内墓地)を備えています。本尊の十一面観世音は、往昔、真成院のあたりは海が近く、観音様の台石が潮の干満によって常にぬれていたことから「潮干観音」とよばれており、お寺の脇の坂もそれにちなんで「観音坂」と呼ばれています。

本堂には弘法大師が祀られており、「潮干観音」は三階の観音堂に祀られています。

① 「潮干十一面観世音」　② 「弘法大師」
③ 十一面観音の種字「キャ」
④ 「御府内八十八第三十九番」
⑤ 金鶏山真成院と「真成院印」

―ご詠歌―
四国霊場第39番
延光寺

なむ薬師
諸病悉除の
願こめて
詣る我が身を
助けませ

阿波国
土佐国
伊予国
讃岐国

- 所在地／東京都新宿区若葉2-7-8　● 電話／03-3351-7281
- アクセス／JR・東京メトロ丸の内線・南北線四ツ谷駅より徒歩7分
- 駐車場／有(5台)　● 拝観時間／9:30〜16:30(17:00閉門)

MAP P17

納経とは

ご朱印は納経の証明として押していただく、赤い御本尊の宝印のこと。巡礼がスタンプラリーにならないためにも、納経をしてみて下さい。納経をしないと、ご朱印がいただけないお寺もありますし、納経した人にだけ、手書きのものがいただけるお寺もあります。

納経の仕方には、2つの方法があり、一つは「読経」(どきょう)で実際にお経をよんで納経する方法。そして、もう一つが「写経」(しゃきょう)で、お経を書き写し社寺に納める方法です。

写経はおもに「般若心経」を書き写して納めますが、短いお経の「十句観音経」でもかまわないそうです。ペンでも可ですが、毛筆があれば尚よし。さまざまなお寺で、写経体験を実施していたり、お手本をいただけることもあるので、まずは「写経」を楽しむことから始めてみるのもよいと思います。

「般若心経」

「十句観音経」

伊予国の写し霊場

【菩提の道場】

四国八十八ヶ所の霊場では愛媛県にあたります。
長い道のりも半分が終わり、折り返し。全ての煩悩を断ち切り、
自分とゆっくり向き合い新しい自分が発見できるでしょう。

第40番

亀戸七福神毘沙門天

・本尊　大日如来
・開山　長賢上人
・建立　大永2年(1522年)

普門院(ふもんいん)

真言宗智山派

上／本堂の手前には亀戸七福神の毘沙門堂も。
右／境内には「野菊の墓」の作者である伊藤左千夫の歌碑がある（写真は山門脇の石碑）。

ワンモアポイント

境内には持経観音の銅像、戦災殉難供養碑、亀戸七福神の毘沙門堂などがある。

自然のままの木々に覆われたお寺

大永二年（一五二二年）に武蔵千葉氏が三股（隅田川・荒川・綾瀬川の落ち合い）城中に長賢上人を導師として開創した名刹のお寺です。

創立後、公布によって元和二年（一六一六年）、現在地に移転の際、過って梵鐘を隅田川に沈めてしまったことが「鐘ヶ淵」の地名の由来ともいわれています。

参拝の際には、念のため返信用封筒に写経（心経）を入れて持参し、不在の場合はポストに投函しておきましょう。

① 「本尊大日如来」　② 「弘法大師」
③ 大日如来の種字「バン」
④ 「第四十番」
⑤ 普門院と「普門院印」

―ご詠歌―
四国霊場第40番
観自在寺

心願や
自在の春に
花咲きて
浮世のがれて
住むやけだもの

●所在地／東京都江東区亀戸3-43-3　●電話／03-3681-8304
●アクセス／JR亀戸駅より徒歩10分　●駐車場／なし
●拝観時間／不在の時は返信用封筒に写経を入れてポストに投函しておく。

MAP P18

第41番

・開山　慶誉法印
・本尊　地蔵菩薩
・創建　不詳

密蔵院（みつぞういん）

真言宗御室派

上／昭和25年（1950年）建立の本堂。
右上／本堂に安置されている「勝軍地蔵尊」。
右下／冠木門（山門）。

ワンモアポイント

本堂に安置されている勝軍地蔵尊は厄除け・家内安全・商売繁盛など心願成就の仏さま。

都内では珍しい御室派の寺院

もともとは北条氏直の念仏寺で、小田原城内に創建されたといわれています。慶長一六年（一六一一年）、慶誉法印が江戸（矢之倉）に移し、幾度か震災や戦災による焼失があり、現在地に本堂が建立されたのは昭和二五年（一九五〇年）とのことです。木々に覆われた冠木門の山門をくぐると正面に本堂。間近でご本尊に手を合わせることができるお寺です。

❶「本尊大日如来」　❷「弘法大師」
❸ 大日如来の種字「バン」
❹「御府内第四十一番」
❺ 中野密蔵院「密蔵院印」

― ご詠歌 ―
四国霊場第41番
龍光寺

この神は
三国流布の
密教を
守り給わむ
誓いとぞきく

●所在地／東京都中野区沼袋2-33-4　●電話／03-3386-0190
●アクセス／西武新宿線沼袋駅より徒歩10分
●駐車場／あり　●拝観時間／9:00〜17:00

MAP P22

第42番

- 本尊　大日如来
- 開基　尊雄和尚
- 建立　慶長年間
　　　（1596〜1615年）

観音寺（かんのんじ）

真言宗豊山派

上／本堂。
右上／「大師堂」。標石には「公訴発願　信州浅間真楽寺上人　巡行願主　下総国諦信」と刻まれている。
右下／本堂前の赤穂浪士の供養塔。

ワンモアポイント
赤穂浪士四十七士の行重・行高は当山六世朝山和尚の兄弟です。

赤穂浪士四十七士ゆかりの寺

慶長十六年（一六一一年）尊雄上人が神田北寺町に創建し、当時は長福寺と称していました。その後、慶安元年（一六四八年）谷中清水坂へ移転、延宝八年（一六四八年）に現在の場所に移転しました。

赤穂浪士四十七士ゆかりの寺であり、本堂の前には赤穂浪士の供養塔があります。また、境内を囲む築地塀と呼ばれる土塀は江戸時代の風情が残っており、平成二二年に国指定有形文化財に登録されました。

❶金剛界大日如来の種字「バン」に「大日如来」　❷弘法大師
❸胎蔵界大日如来の種字「ア」
❹第四十二番　❺観音寺

ご詠歌

四国霊場42番
仏木寺

草も木も
仏になれる
仏木寺
なお頼もしき
鬼畜人天

●所在地／東京都台東区谷中5-8-28　　●電話　03-3821-4053
●アクセス／JR日暮里駅より徒歩5分
●駐車場／なし　　●拝観時間／9:00〜15:00

MAP P18

第43番 成就院（じょうじゅいん）

真言宗智山派

- 本尊　大日如来
- 開山　観宥法印
- 建立　慶長16年(1611年)

上／現在の本堂は昭和62年(1987年)に再建されたもの。
下／境内の聖観音菩薩像（百観音）。

ワンモアポイント
近く（東上野）に成就院がもうひとつあり、こちらは「百観音成就院」と称される。

江戸時代には境内に百体の観音菩薩像がまつられていた

観宥法印によって開山され、慶長十六年（一六一一年）に八丁堀で開創、寛永十二年（一六三五年）に浅草に移転、万治年間（一六五八～一六六〇年）に現在の場所に移転したといわれています。

境内には百観音と彫られた台座の上に聖観音菩薩像が立っており、かつては西国三十三観音・坂東三十三観音・秩父三十四観音の百体の観音が並んでいたことから「百観音」と呼ばれていますが、関東大震災、東京大空襲により、現在は残っていません。

① 本尊大日如来　② 弘法大師
③ 大日如来の種字「バン」
④ 第四十三番
⑤ 百観音成就院と「神勝山成就院印」

―ご詠歌―
四国霊場第43番
明石寺

開くならく
千手の誓い
ふしぎには
大盤石もかろく
あげいし

阿波国　土佐国　伊予国　讃岐国

- 所在地／東京都台東区元浅草4-8-12　　● 電話　03-3841-3632
- アクセス／地下鉄銀座線田原町駅より徒歩5分
- 駐車場／なし　　● 拝観時間／9:00～16:00

MAP P15

第44番

- 本尊　大日如来
- 開基　法印賢秀
- 開創　年代不詳

顕性寺（けんしょうじ）

真言宗豊山派

上／本堂のある2階には外階段から上がれる。1階に声掛けを。
下／顕性寺と刻まれた山門。

ワンモアポイント

弘法大師が自ら、長さ1メートルあまりの俎板に彫った、阿弥陀如来像が伝えられている。

山門から奥に見える建物が本堂

入って左側に御府内八十八ヶ所の道標石が建っており、一階が庫裏で、二階が本堂です。本堂には本尊の大日如来像と「俎板大師」が安置されています。弘法大師が自ら彫ったと伝わる阿弥陀如来像は、俎板（まないた）に彫られたので「俎板大師」とも呼ばれるようになったといわれています。

❶ 本尊大日如来　❷「弘法大師」「興教大師」　❸ 大日如来の種字「バン」
❹ 第四十四番
❺ 四谷顕性寺と「顕性寺」

―ご詠歌―
四国霊場第44番
大宝寺

今の世は
大悲のめぐみ
菅生山
ついには弥陀の
ちかいをぞまつ

● 所在地／東京都新宿区須賀町13-5　● 電話　03-3353-2578
● アクセス／東京メトロ丸の内線四ツ谷三丁目駅より徒歩8分
● 駐車場／なし　● 拝観時間／9:00～17:00

MAP P17

第45番

荒川辺八十八ヶ所
霊場83番

- 本尊　如意輪観世音菩薩
- 開山　證圓上人
- 建立　慶長16年(1611年)

観蔵院
（かんぞういん）

真言宗智山派

上／現代風の門構えと建物。「観蔵院」の表札が目印。
右／本堂内。
左／本堂前の修行大師像。左足を踏み出している。

モダンな佇まいの邸宅のようなお寺

観蔵院は慶長一六年(一六一一年)に開創され、正保元年(一六四四年)に現在地に移転。現在の本堂は昭和六二年に落慶されたものです。本堂には本尊の如意輪観音像のほか、久保田淑道氏作の木彫の弘法大師像、興教大師像、愛染明王像が安置されています。門を入ってすぐ左手に修行大師の像があり、こちらも久保田淑道氏の作です。

❶如意輪観音の種字「キリーク・タラーク・タラーク」と「如意輪観音」 ❷「弘法大師」「興教大師」 ❸梵如意輪観音の種字「キリーク」 ❹御府内第四十五番 ❺観蔵院と「観蔵院印」

―ご詠歌―
四国霊場第45番
岩屋寺

大聖の
祈る力の
げに岩屋
石の中にも
極楽ぞある

- 所在地／東京都台東区元浅草3-18-5　●電話／03-3843-7244
- アクセス／地下鉄銀座線稲荷町駅より徒歩5分
- 駐車場／なし　●拝観時間／9:00〜17:00

MAP P15

第46番
江戸十二薬師

- 本尊　薬師如来
- 開山　有鑁上人
- 建立　慶長15年(1610)

弥勒寺（みろくじ）

真言宗豊山派

上／建立当初、弥勒菩薩を本尊としたが、徳川光圀から薬師如来を寄進されたことからこれを本尊とした。
下／徳川綱吉の治療にもあたった杉山検校の墓と医療はり供養塔。

ワンモアポイント
池波正太郎の「鬼平犯科帳」でも有名になったお寺。

徳川光圀から寄進された薬師如来が祀られているお寺

本尊は薬師如来で、「川上薬師」とも呼ばれています。常陸国筑波郡内の真言宗寺院の本尊であったこの薬師如来が、宗教政策によって寺が取り壊された際、川に流され、川を下ることなく一里半も登ったという言い伝えがあります。

境内には、徳川綱吉の治療にもあたったといわれる杉山流鍼術の祖、杉山検校の墓と医療はり供養塔、東京大空襲の犠牲者約3500名の遺骨が納められた「戦争被災者の墓」があります。

① 薬師如来の種字「ベイ」に「薬師如来」
② 弘法大師　③ 佛法僧寳
④ 御府内第四十六番
⑤ 萬德山弥勒寺

- 所在地／墨田区立川1-4-13
- 電話／03-3632-3692
- アクセス／地下鉄大江戸線森下駅下車徒歩5分
- 駐車場／なし
- 拝観時間／9:00〜16:00

MAP P14

―ご詠歌―
四国霊場第46番
浄瑠璃寺

極楽の
浄瑠璃世界
たくらえば
受くる苦楽は
報いならまし

第47番
豊島八十八ヶ所霊場 第47番

・本尊　阿弥陀如来
・開山　不詳
・建立　不詳

城官寺
（じょうかんじ）

真言宗豊山派

上／静けさに満ちた境内。
下／徳川幕府に仕え、徳川家光公に侍する検校、山川城官一族墓碑群。

ワンモアポイント
山門の「平塚山」は、城官寺三百年を記念して当時の内閣総理大臣 田中角栄氏によって書かれたもの。

徳川家の侍医・多紀桂山一族の墓がある

江戸時代には隣接する平塚神社の別当寺で、もとは安楽寺と称し、三代将軍徳川家光の病を治して信頼を得た山川城官貞久がこの寺に入り、平塚神社ともども再興したと伝わります。寺号は山川城官に因んでいます。
境内には山川城官の供養碑や江戸幕府に奥医師として仕えていた多紀桂山一族の墓があり、東京都指定史跡となっています。

❶ 阿弥陀如来の種字「キリーク」に「阿弥陀如来」
❷ 弘法大師
❸ 平塚山　❹ 第四十七番
❺ 上中里城官寺と「城官寺印」

― ご詠歌 ―
四国霊場第47番
八坂寺

花を見て
歌よむ人は
八坂寺
三仏じょうの
縁とこそきけ

阿波国 / 伊代国 / 伊予国 / 讃岐国

● 所在地／東京都北区上中里1-42-8　● 電話／03-3910-3343
● アクセス／JR上中里駅より徒歩3分・東京メトロ南北線西ヶ原駅より徒歩5分　● 駐車場／有（12～15台）　● 拝観時間／9:00～16:00

MAP P19

第48番
豊島八十八ヶ所霊場第48

- 本尊　不動明王
- 開基　法印恵尊
- 建立　1362年（貞治元年）

禅定院（ぜんじょういん）

真言宗豊山派

上／昭和45年（1970年）に再建された本堂。六地蔵の脇には樹齢600年ともいわれる銀杏の木。
下／戦災時に焼け残った山門。

ワンモアポイント
山門には戦災時の焼けあとがあるともいわれています。

山門の扉には空襲の痕が残る

もとの札所は市ヶ谷袋町の恵命山円満寺林松院で、明治一六年（一八八三年）、ここ禅定院に移されたといわれています。禅定院は貞治元年（一三六二年）に法印恵尊によって開かれたとも伝わります。昭和二〇年（一九四五年）の戦災で山門以外は全焼し、現在の本堂は昭和四五年（一九七〇年）に再建されたものだそうです。

境内には樹齢六〇〇年以上ともいわれる銀杏の巨木があります。

❶本尊大聖不動　❷弘法大師
❸不動明王の種字「カン」
❹第四十八番
❺中野沼袋禅定院と「禅定院之印」

―ご詠歌―
四国霊場第48番
西林寺

みだぶつの
世界をたずね
ゆきたくば
西の林の
寺にまいれよ

- 所在地／東京都中野区沼袋2-28-2
- 電話　03-3389-2407
- アクセス／西武新宿線沼袋駅より徒歩3分
- 駐車場／有（10台）
- 拝観時間／9:00〜17:00

MAP P22

第49番

・本尊　多宝如来
・開基　宥純法印
・建立　慶長16年(1611年)

多宝院（たほういん）

真言宗豊山派

上／本堂扁額の揮毫は山岡鉄舟の書。
下／本堂脇にある吉祥天を祀るお堂。

ワンモアポイント

境内には2メートルほどの大きなお地蔵さまとその脇に六地蔵が並んでいる。

詩人、立原道造のお墓があるお寺

慶長一六年（一六一一年）、宥純によって神田北寺町に創建され、慶安元年（一六四八年）に現在地に移ってきたといわれています。本尊の多宝如来像は奈良時代の大僧正、行基の作と伝わり、寺の名前も本尊に由来します。

昭和初期に活動した抒情詩人、立原道造の墓があります。また、参拝者に公開されてはいませんが、台東区が文化財に指定した「御府内八十八ヶ所大意版木」が保存されています。

❶本尊多宝如来　❷弘法大師
❸梵字の「バン」
❹第四十九番
❺谷中多宝院と「多宝院印」

―ご詠歌―
四国霊場第49番
浄土寺

十悪の
わがみをすてず
そのままに
じょうどの寺に
まいりこそすれ

●所在地／東京都台東区谷中6-2-35　●電話／03-3821-3807
●アクセス／JR日暮里駅より徒歩8分
●駐車場／なし　●拝観時間／9:00〜16:00

MAP P18

第50番

大徳院（だいとくいん）

高野山真言宗

- 本尊　薬師瑠璃光如来
- 開山　宥雅法印
- 建立　寛永年間

上／現在の建物は地上5階地下1階。平成25年（2013年）に完成した。
下／本堂の弘法大師にお参りできる。

ワンモアポイント

都内屈指の名刹としても名高いお寺。

徳川家の位牌所・祈願所だったと伝わるお寺

徳川家康により文禄三年（一五九四年）に和歌山県の高野山に開かれました。大徳院は「弘法大師」の「大」と「徳川家」の「徳」から成るといわれています。寛永年間、神田紺屋町に屋敷を拝領後、本所猿江に移転、貞享元年（一六八四年）に現在地に移転しました。

本尊は万治元年（一六五八年）に徳川家光公の七回忌に竹千代が奉納した祈願仏で、「本所一つ目寅薬師」と称され、特に眼病治癒に霊験があるとして信仰を集めています。

① 薬師如来の種字「ベイ」に「薬師如来」
② 「弘法大師」　③ 薬師如来の種字「ベイ」
④ 御府内　⑤ 第五十番　⑥ 高野山大徳院と「大徳院」
⑤と奉拝日が入れかわる場合あり

――ご詠歌――
四国霊場50番
繁多寺

よろずこそ
繁多なりとも
怠らず
諸病なかれと
望み祈れよ

- 所在地／東京都墨田区両国2-7-13
- 電話／03-3633-2526
- アクセス／JR両国駅より徒歩5分
- 駐車場／あり
- 拝観時間／9:00〜17:00

MAP P14

第51番
荒川辺八十八ヶ所
霊場82番

・本尊　大日如来
・開山　義歓僧都
・建立　文安元年（1444年）

延命院（えんめいいん）

真言宗智山派

上／山門から参道を歩いて奥の本堂へ。
右上／赤い前掛けの2体のお地蔵さんは「延命地蔵」。

ワンモアポイント
振袖火事といわれる明暦の大火の後、現在地に移転。

二代将軍徳川秀忠の命で延命院に改称

江戸時代の札所は鳥越明神の別当・鳥越山長楽寺でしたが、明治の神仏分離で廃寺となったため、延命院に移されました。延命院は一四四四年（文安元年）、日本橋矢ノ倉（現在の東日本橋）に開創されたと伝わります。

延命院に祀られている弁財天は、弘法大師の作と伝わり、琵琶湖の竹生島に参籠し、二体の弁財天を彫り、その一体は竹生島に納め、もう一体が延命院に祀られているものであるといわれています。

① 大日如来の種字「バン」に「大日如来」
② 弘法大師
③ 梵字の「バン」　④ 五十一番
⑤ 延命院と「玉龍山延命院之印」。

― ご詠歌 ―
四国霊場第51番
石手寺

西方を
よそとは見まず
安養の
寺にまいりて
うくる十楽

●所在地／東京都台東区元浅草4-5-2　●電話／03-3841-7122
●アクセス／地下鉄銀座線稲荷町駅より徒歩5分
●駐車場／有（6台）　●拝観時間／7:00〜18:00

MAP P15

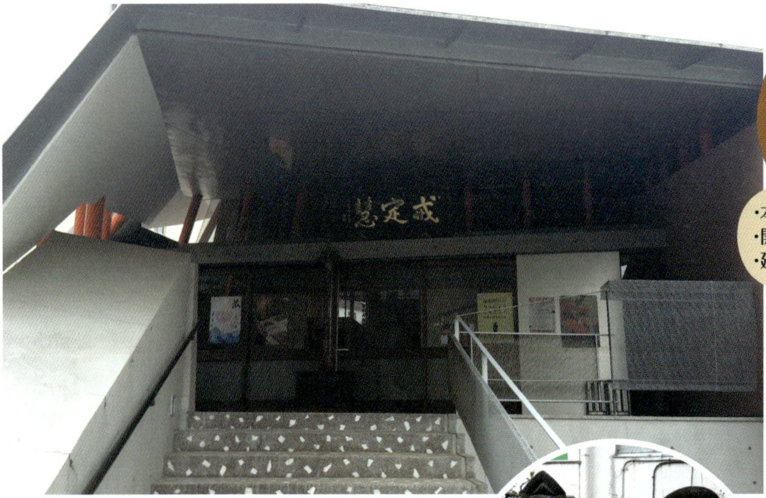

第52番

豊島八十八ヶ所霊場第52番
山の手三十三観音霊場第14番

・本尊　十一面観音
・開基　賢栄和尚
・建立　寛文13年(1673年

観音寺（かんのんじ）

真言宗豊山派

境内には風情が漂う現代風のお寺

寛文一三年（一六七三年）賢栄和尚によって開創され、住民の発願により菩薩寺として建立されました。本尊の十一面観音は「入唐八家」の一人で、空海の甥と伝えられる円珍作といわれています。

本堂の外観は近代的で、境内には恵比寿・大黒天の石像や石仏があります。縁起や寺伝が焼失してしまい詳細は不明ですが、八十七番の札所護国寺の隠居寺であったり、無住時代があったといわれています。

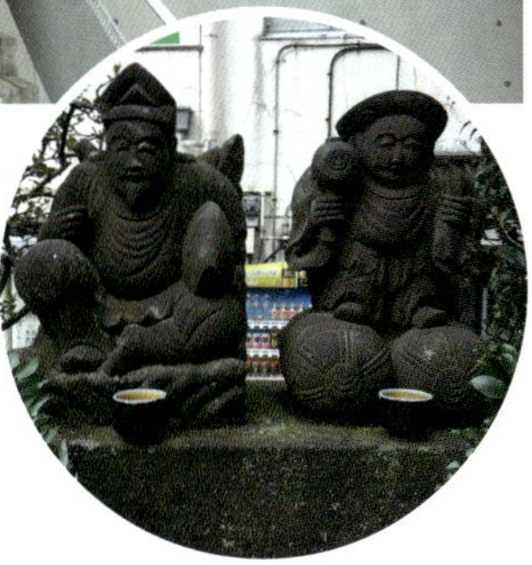

上／本堂は美術館のような佇まい。
右／境内にある恵比寿像・大黒天像。

ワンモアポイント

おしゃれな建物の設計は早稲田大学出身の建築家、石山修武氏とのこと。

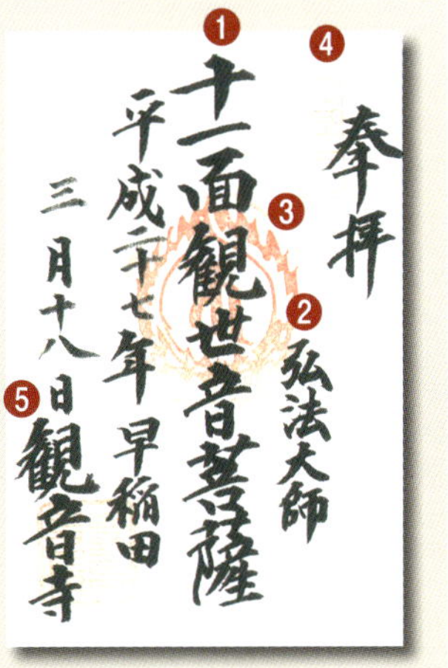

❶十一面観世音菩薩　❷弘法大師
❸十一面観世音菩薩の種字「キャ」
❹第五十二番
❺早稲田観音寺と「観音寺印」

●所在地／東京都新宿区西早稲田1-7-1　●電話／03-3203-6440
●アクセス／地下鉄東西線早稲田駅より徒歩10分
●駐車場／有(2〜3台)　●拝観時間／特になし

MAP P20

―ご詠歌―
四国霊場第52番
太山寺

太山へ
登れば汗の
出でけれど
のちの世思へば
何の苦もなし

阿波国
土佐国
伊予国
讃岐国

第53番

- 本尊　大日如来
- 開基　道意上人
- 建立　慶長16年(1611年)

自性院 (じしょういん)

新義真言宗

上／縁結びや家庭円満の信仰を集める愛染明王が祀られている。
下／門前の「諸願速成愛染明王安置」の標石。

ワンモアポイント

いつもきれいに手入れされた境内が穏やかな気持ちにさせてくれる。

愛染堂・愛染かつらゆかりの地

慶長一六年（一六一一年）、道意上人によって神田北寺町に開創され、慶安元年（一六四八年）、現在地に移転。第九世貫海上人が境内の楠を切って自ら愛染明王の像を彫り、愛染堂を建立して安置したことから「愛染寺」や「谷中愛染堂」と呼ばれており、川口松太郎の「愛染かつら」でも知られています。
境内には延宝年間（一六七三〜八〇年）に建てられた、水戸光圀公に仕えた江戸時代前期の能書家、三国筆海堂こと真幸正心のお墓があります。

❶本尊大日如来　❷「弘法大師」「興教大師」　❸金剛界大日如来の種字「バン」　❹第五十三番　❺愛染寺　❻谷中自性院と「自性院印」

ご詠歌

四国霊場第53番
円明寺

来迎の
弥陀の光の
円明寺
てりそふ影は
よなよなの月

●所在地／東京都台東区谷中6-2-8　●電話／03-3823-3367
●アクセス／JR日暮里駅より徒歩7分
●駐車場／有(3台)　●拝観時間／9:00〜16:00(閉門) ※時間厳守のこと

MAP P18

第54番

- 本尊　不動明王（目白不動）
- 開山　道意上人
- 創建　不詳

新長谷寺 (しんはせでら)

真言宗豊山派

上／「不動堂」。江戸三不動の第一位「目白不動明王」を祀る。
下／金乗院の境内にあり、金乗院の山門前には「はせ寺」と刻まれた石碑が建っている。

ワンモアポイント

金乗院と同敷地内にあり、江戸五色不動「目白不動」と呼ばれている。

江戸守護の江戸五色不動の随一として名高い

もとは独立したお寺でしたが、戦災で廃寺となり、現在は第三八番金乗院の境内に移され、御府内霊場唯一の一ヶ寺二札所となっています。元和四年（一六一八年）、徳川秀忠が伽藍を建立し、大和の長谷寺のご本尊と同じ木から彫られた十一面観音菩薩を祀ったことに由来して新長谷寺と称されるようになったといわれています。

不動明王は弘法大師が出羽国湯殿山で刻んだもので、江戸時代には江戸三大不動の一つとされていました。

❶新長谷寺 目白不動明王　❷弘法大師
❸不動明王の種字「カンマン」
❹弘法大師御府内霊場第三十八 五十四番　❺新長谷寺 金乗院目白不動尊別当

― ご詠歌 ―
四国霊場第54番
延命寺

くもりなき
鏡の縁と
ながむれば
残さず影を
うつすものかな

- 所在地／東京都豊島区高田2-12-39
- 電話／03-3971-1654
- アクセス／JR山手線目白駅より徒歩10分
- 駐車場／有（数台）無料
- 拝観時間　9:00～17:00

MAP P20

第55番

- 本尊　大日如来
- 開基　宥意法印
- 建立　慶長16年(1611年)

長久院（ちょうきゅういん）

真言宗豊山派

上／本堂の前には立派な大師堂がある。
下／文化15年（1818年）に再建された薬医門。脇のくぐり戸に弾痕がある。

ワンモアポイント

台東区の文化財に指定されている閻魔王は「笑いえんま」とよばれている。

台東区の文化財指定の閻魔王と冥官の石像

慶長十六年（一六一一年）に宥意法印によって神田北寺町に開創され、慶安元年（一六四八年）、現在地に移転してきました。本堂の前には台東区の文化財に指定されている閻魔王の石仏があります。

山門は文化一五年（一八一八年）に再建された薬医門。薬医門は、いつでも患者がくぐれるよう扉をなくしたことからそういわれています。脇のくぐり戸には戊辰戦争で官軍兵士の流れ弾があたった弾痕が残されています。

❶本尊大日如来　❷「弘法大師」「興教大師」　❸金剛界大日如来の種字「バン」
❹第五十五番
❺谷中長久院と「長久院印」

―ご詠歌―

四国霊場第55番
南光坊

このところ
三島の夢の
さめぬれば
別宮とても
おなじ垂迹

●所在地／東京都台東区谷中6-2-16　●電話／03-3821-0977
●アクセス／JR日暮里駅より徒歩10分
●駐車場／なし　●拝観時間／9:00〜16:00

MAP P18

阿波国　土佐国　伊予国　讃岐国

第56番

与楽寺（よらくじ）

真言宗豊山派

与楽寺坂（北区田端1-25-5地先）

北区教育委員会による案内板。

弘法大師の創建で、現在でも多くの巡礼札所として崇敬されているお寺です。ご住職の希望により、ご紹介は控えさせていただきます。

常識はずれの時間にお参りしたり、大人数での突然の訪問などでなければ、他のお寺と変わることはありませんのでご安心下さい。

こぼればなし
～田端エリアさんぽみち～

写真の「与楽寺坂」は坂下にある与楽寺に由来しており、坂の近くには文学者の芥川龍之介などが住んでいたそうです。

─ご詠歌─
四国霊場
第56番泰山寺

みな人の
まいりてやがて
泰山寺
末世の引導
たのみおきつつ

第57番

- 本尊　阿弥陀如来
- 開山　辯圓上人
- 建立　慶長16年(1611年)

明王院（みょうおういん）

真言宗豊山派

上／本堂の手前には平成7年(1995年)に再建された大師堂。
右上／山門から正面に大師堂があって、本堂は左奥にある。
右下／休憩所も設置された温かみのあるお寺。

ワンモアポイント

ご朱印をいただく際は必ず納経(読経または写経を納める)を。

花々に囲まれ、ほっとひと息つけるお寺

石柱が二本の山門をくぐると、手入れの行き届いた静かな境内。慶長一六年（一六一一年）、後水尾天皇の勅願により、辯圓上人が神田北寺町に創建したと伝わります。慶安元年（一六四八年）、谷中清水坂に移転、さらに万治三年（一六六〇年）に現在地に移ってきたといわれています。

石畳の参道右側には、宝篋印塔（ほうきょういんとう）があり、正面の大師堂は平成七年（一九九五年）、左奥の本堂は昭和四六年（一九七一年）の再建です。

① 阿弥陀如来の種字「キリーク」に「本尊阿弥陀如来」　② 「弘法大師」「興教大師」　③ 梵字の「キリーク」　④ 第五十七番　⑤ 谷中明王院と「明王院印」

―ご詠歌―
四国霊場第57番
栄福寺

この世には
弓矢を守る
八幡なり
来世は人を
救う弥陀仏

阿波国
土佐国
伊予国
讃岐国

- 所在地／東京都台東区谷中5-4-2　　● 電話／03-3821-9216
- アクセス／JR日暮里駅より徒歩8分　　● 駐車場／なし
- 拝観時間／8:00〜17:00(土日、祝日は14:00以降)

MAP P18

第58番

- 本尊　大日如来
- 開山　不詳
- 建立　慶長年間（1596〜1615）

光徳院（こうとくいん）

真言宗豊山派

上／本堂の手前右には、観音堂も建っている。
下／門前からも平成7年（1995）落慶という五重塔が見える。高さは15メートル。

ワンモアポイント
寺宝の千手観世音菩薩像は木像で高さ3尺3寸といわれている。

木造瓦葺きの五重塔

開山については不明ですが、慶長年間（一五九六年）に麹町に創建されました。その後寛永年（一六二四〜一六四四年）市ケ谷田町に移り、さらに牛込柳町に移転。現在の地に移ったのは明治四十三年（一九一〇年）のことです。

観音堂には菅原道真が流罪となった際太宰府で彫ったとされる千手観世音菩薩像が祀ってあります。本堂左手の五重塔は、高さ約十五メートルもある立派なものでこれを見に遠方から訪れる人も多いようです。

① 阿弥陀如来の種字「キリーク」に「千手観世音」　② 「弘法大師」　③ 梵字の「キリーク」　④ 御府内第五十八番　⑤ 光徳院と「光徳院印」

―ご詠歌―
四国霊場第58番
仙遊寺

たち寄りて
作礼の堂に
休みつつ
六字をとなえ
経を読むべし

- 所在地／東京都中野区上高田五丁目18-3　● 電話／03-3386-5143
- アクセス／西武新宿線新井薬師前駅より徒歩10分
- 駐車場／なし　● 拝観時間／9:00〜16:00

MAP P22

第59番
豊島八十八ヵ所霊場59番

- 本尊　不動明王
- 開山　不詳
- 建立　不詳

無量寺（むりょうじ）
真言宗豊山派

上／手入れの行き届き、四季折々の花で美しい境内。
右上／「雷除けの本尊」とされる恵心作の聖観音像が安置されている「大師堂」。
右下／「三界万霊供養塔」

ワンモアポイント
静かできれいな環境を維持できるようにと、団体でガヤガヤと拝観はできないのでご注意ください。

足止め不動を祀るお寺

このお寺は佛寶山長福寺と称しましたが、徳川九代将軍・家重の幼名「長福丸」と同名であったことから、無量寺と改められました。境内は四季折々の花木に彩られています。

本尊の不動明王は、ある夜に盗人が無量寺に忍び込むと、不動明王の霊験によってたちまち金縛りになって動けなくなり、翌朝捕まってしまったことから、「足止め不動」と呼ばれるようになったと伝わります。

① 不動明王の種字「カーン」に「不動明王」　② 弘法大師
③ 梵字の「カーン」
④ 第五十九番　⑤ 無量寺と「無量寺印」

―ご詠歌―
四国霊場59番
国分寺

守護のため
建ててあがむる
国分寺
いよいよめぐむ
薬師なりけり

阿波国
土佐国
伊予国
讃岐国

- 所在地／東京都北区西ヶ原1-34-8
- 電話／03-3910-2840
- アクセス／JR上中里駅より徒歩10分
- 駐車場／なし
- 拝観時間／9:30〜16:00（境内を守るために団体様はご遠慮願います）

MAP P19

第60番

- 本尊　阿弥陀如来
- 開山　宥教法印
- 建立　不詳

吉祥院（きっしょういん）

真言宗智山派

上／山門からきれいに手入れされた花木や竹林をながめながら本堂へ。
下／境内にある「贈大教正普寛霊尊供養塔」。

ワンモアポイント
山岡鉄太郎(鉄舟)は剣道の達人としても、書家としても知られている。

花木の美しい静寂なお寺

創建年代は不詳だが、万治三年（一六六〇年）に宥教法印によって開山、慶長十六年（一六一一年）に寺地を与えられ、寛永二一年（一六四四年）現在の地に移転してきたと伝わります。

山門から本堂までの石畳、境内はきれいに植栽され、手入れが行き届いており、参道の右手には御嶽山の中興の祖である普寛行者のために建てた「贈大教正普寛霊尊供養塔」が建っています。揮毫は鉄舟と号した刺客である山岡鉄太郎です。

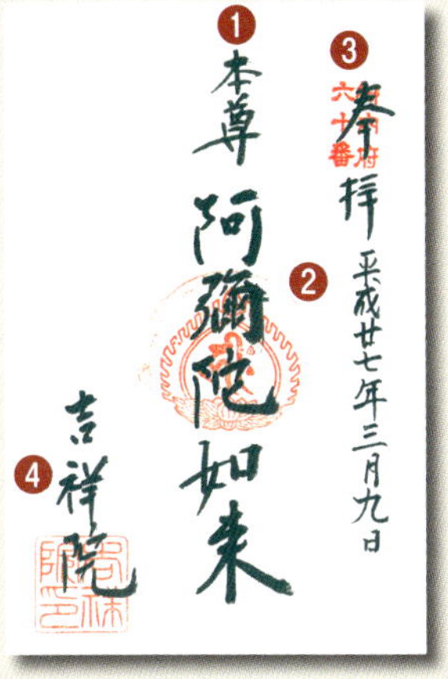

❶ 阿弥陀如来の種字「キリーク」に「阿弥陀如来」　❷ 梵字の「キリーク」
❸ 御府内六十番
❹ 吉祥院と「吉祥院印」

―ご詠歌―
四国霊場第60番
横峰寺

のちの世を
思えば詣れ
香園寺
とめてとまらぬ
白滝の水

● 所在地／東京都台東区元浅草2-1-14　● 電話／03-3841-7223
● アクセス／地下鉄銀座線田原町駅より徒歩5分
● 駐車場／なし　● 拝観時間／10:00〜17:00

MAP P15

第61番

- 本尊　大日如来
- 開山　源秀
- 開基　広寿院其融到行居士
- 建立　慶長16年(1611年)

正福院(しょうふくいん)

真言宗智山派

ワンモアポイント
山門の石柱にある正福院の表札には「浅草區南松山町九番地」と書かれている。

上／門前には、「第六一番正福院」と彫られた三角形の自然石がある。
右上／本堂内。
右下／東京大空襲の被災を受けて、黒くすすけた釈迦如来とお地蔵さま。

「柳稲荷」と呼ばれるお寺

寛永十四年（一六一一年）に創建。源秀によって開山され、広寿院其融到行居士が開基したといわれています。本堂は戦後に再建され、戦火ですすけた石像なども残っているといいます。
望月貞久が夢の中で京都伏見稲荷から「一顆の玉と弘法大師御作の十一面観世音菩薩を与えるので、この地に一社を建立せよ」とお告げを受け、日本橋浜町に祀ったと伝わる伏見稲荷の祠が、境内の柳の下に祀られたことから「柳稲荷」と呼ばれています。

❶本尊大日如来
❷「弘法大師」「興教大師」
❸金剛界大日如来の種字「バン」
❹望月山正福院と「弘法大師八十八箇所正福院」

― ご詠歌 ―
四国霊場61番
香園寺

のちの世を
思えば詣れ
香園寺
とめてとまらぬ
白滝の水

阿波国

土佐国

伊予国

讃岐国

- 所在地／東京都台東区元浅草4-7-21　● 電話／03-3841-9583
- アクセス／地下鉄銀座線稲荷町駅より徒歩5分
- 駐車場／なし　拝観時間／9:00～17:00

MAP P15

第62番

- 本尊　大日如来
- 開基　鶴延豊
- 開山　弁清法印
- 建立　宝徳4年(1452年)

威光院（いこういん）

真言宗智山派

コンクリート製の山門と本堂で近代的なデザインのお寺

平成二六年(二〇一四年)に本堂が改築されました。

宝徳四年(一四五二年)、太田道灌が江戸城を築城する時に、鎮守として創建されたのが威光院であると言われています。その後、桜田村(現在の千代田区)、八丁堀(現在の千代田区)と変遷した後、文禄三年(一五九四年)に現在の地に、開基鶴主計延豊、開山弁清上人によって創建され、現在に至ります。

上／現在の本堂は2014年に完成したもの。外観も現代的でおしゃれなつくりだが、本堂内も天井が高く、見ごたえがある。
右／境内の六地蔵。
左／境内の弘法大師像

❶ 金剛界大日如来の種字「バン」に「大日如来」
❷ 梵字の「バン」
❸ 御府内第六十二番　太田道灌開創之寺
❹ 威光院

ご詠歌

四国霊場第62番　宝寿寺

さみだれの　後に出でたる　玉の井は　白坪なるや　一の宮かわ

- 所在地／東京都台東区寿二丁目6-8
- 電話／03-3841-2170
- アクセス／東京メトロ銀座線田原町駅より徒歩3分
- 駐車場／有(4台)
- 拝観時間／9:00〜16:00

MAP P15

第63番

- 本尊　大日如来
- 開基　照譽
- 建立　慶長16年（1611年）

観智院（かんちいん）

真言宗豊山派

上／本堂は高床式寄棟造。
右上／建物はひとつ、屋根が別になった「大師堂」と「不動堂」。大師堂には弘法大師が安置されている。
右下／「初音六地蔵」。

ワンモアポイント

本堂は昭和25年（1950年）、福島県佐竹候の祈願所を移築したもの。

「谷中の火除け不動」として信仰を集めている

幼稚園を併設したお寺です。慶長十六年（一六一一年）、神田北寺町に創建され、慶安元年（一六四八年）谷中清水坂に移転、その後元禄年間（一六八八～一七〇四年）に現在地へ移ってきたと伝わります。大師堂・不動堂は震災や空襲から免れており、当時の風格がそのまま残っています。
不動堂には興教大師（覚鑁）の作と伝えられる不動明王尊像が安置され、江戸時代から「谷中の火除け不動」と呼ばれ信仰されています。

❶本尊　大日如来　❷「弘法大師」「興教大師」　❸大日如来の種字「ア」
❹第六十三番寺　❺谷中観智院と「観智院章」

― ご詠歌 ―
四国霊場第63番
吉祥寺

みのなかの
悪しき悲報を
うちすてて
みな吉祥を
望み祈れよ

阿波国

土佐国

伊予国

讃岐国

- 所在地／東京都台東区谷中5-2-4　　●電話／03-3821-5240
- アクセス／JR日暮里駅より徒歩7分
- 駐車場／なし　　●拝観時間／9:00～17:00

MAP P18

上／手入れの行き届いた境内。山門をくぐるとすぐ本堂。
下／朱塗りの山門が目を引く。

第64番

- 本尊　阿弥陀如来
- 開山　尊慶上人
- 建立　慶長16年（1611）

加納院（かのういん）

新義真言宗

ワンモアポイント
境内には「無縁塔」などの石碑も見られる。

春はツツジが美しい境内

「赤門」と呼ばれる朱塗りの山門が目を引くお寺です。門前には弘法大師の石碑があり、門をくぐると、境内は季節の花々が咲き、手入れが行き届いています。

慶長16年（一六一一年）、尊慶上人によって、神田北寺町で創建されたと伝えられます。慶安元年（一六四八年）に谷中清水坂に移転、さらに延宝八年（一六八〇年）に現在地へ移転しました。台東区有形文化財の「両界曼荼羅版木（りょうかいまんだらはんぎ）」が保存されています。

① 本尊 阿弥陀如来
② 「弘法大師」「興教大師」
③ 第六十四番
④ 谷中加納院と「加納院印」

―ご詠歌―
四国霊場第64番
前神寺

前は神
後ろは仏
極楽の
よろずの罪を
くだくいしづち

- 所在地／東京都台東区谷中5-8-5
- 電話／03-3821-3636
- アクセス／JR日暮里駅より徒歩7分
- 駐車場／なし　拝観時間／9:00〜16:00

MAP P18

第65番

- 本尊　大日如来
- 開山　宥専上人
- 建立　慶長年間

大聖院（だいしょういん）

真言宗智山派

上／本堂は向かって右側へ。
右上／入り口にある「大聖院」のプレート。
右下／玄関の脇には御府内八十八ヶ所の標石や不動明王の立像などが並ぶ。

ワンモアポイント

留守時には、「御朱印希望の方は一部ずつお取り下さい」という札とともにご朱印がある。

弘法大師の作と伝えられる不動明王が安置されてる

建物は立派な高層ビルになっており、入り口に「大聖院」というプレートがあります。本尊は大日如来ですが、玄関脇には不動明王の立像が置かれています。

慶長年間のはじめ頃、数寄屋橋の近くに創建され、その後、慶長一六年（一六一一年）に八丁堀に移転し、さらに寛永一二年（一六三五年）に現在の場所に移転されたといわれています。明治十二年に京都総本山智積院直轄末寺となりました。

❶ 本尊 大日如来　❷ 弘法大師
❸ 不梵字「バン」
❹ 第六十五番
❺ 三田大聖院と「大聖院印」

―ご詠歌―
四国霊場第65番
三角寺

恐ろしや三つの角にも入るならば心をまろく慈悲を忘ぜよ

- 所在地／東京都港区三田4-1-27　●電話／03-3451-3240
- アクセス／地下鉄三田線三田駅より徒歩10分
- 駐車場／なし　●拝観時間／9:00〜17:00

MAP P10

阿波国　土佐国　伊予国　讃岐国

お砂踏み（おすなふみ）霊場とは

四国八十八ヶ所霊場各札所の「お砂」をそれぞれ集め、それを札所と考えて踏みながらお参りすることです。実際に遍路をしたことと同じご利益があるといわれています。江戸御府内八十八ヶ所のお寺にも、お砂踏み霊場があるところがあります。様相はお寺によってさまざまで、一ヵ所にまとまっていたり、阿波・土佐・伊予・讃岐の四国に分かれて表されているところもあります。

御府内八十八ヶ所は四国八十八ヶ所の写し霊場なので、「第1番　東京別院」は四国八十八ヶ所霊場の「第1番　霊山寺」、「第2番　東福寺」は四国八十八ヶ所霊場の「第2番　極楽寺」というように、それぞれのお寺が四国の札所から持ち帰ったお砂を納め、各札所の写しとなっているわけですから、御府内の八十八ヶ所を巡ることが、「お砂踏み」をしているということになりますね。

第88番　文殊院のお砂踏み霊場

第6番　不動院のお砂踏み霊場

第1番　東京別院のお砂踏み霊場

讃岐国の写し霊場

【涅槃の道場】

四国八十八ヶ所の霊場では香川県にあたります。長かった旅も終盤。全ての煩悩から解脱し、穏やかな心で進みましょう。結願寺に向かいながら長い旅を思い出します。

第66番

- 本尊　不動明王
- 開山　源雅和尚
- 建立　延徳3年（1491年）

東覚寺（とうがくじ）

真言宗豊山派

上／本堂の前には修行大師・文殊菩薩・大日如来などが並ぶ。
右上／「護摩堂」の前に立つ2体の赤紙仁王尊。
右下／平成21年に新築された山門。

ワンモアポイント
谷中七福神巡りのスタートは東覚寺から。

赤い紙を自分の患部と同じ場所に貼って祈願

延徳三年（一四九一年）、源雅和尚が神田筋違橋に創建、その後根岸に移転し、さらに慶長の初め頃に現在地に移ってきたと伝わります。以前は隣にある田端八幡神社の別当でした。本尊は弘法大師によって作られた不動明王。江戸七福神でもっとも早く成立したとされる谷中七福神の福禄寿も祀られています。明王堂の前に立つ二体の仁王像は、病気の人が、寺で分けてもらう赤紙を自分の患部に貼ると治ると言い伝えられ、「赤紙仁王尊」と呼ばれています。

❶ 本尊 不動明王　❷ 弘法大師
❸ 不動明王の種字「カーン」
❹「奉拝」、「御府内第六十六番」
❺ 東覚寺と「東覚密寺」

―ご詠歌―
四国霊場66番
雲辺寺

はるばると
雲のほとりの
寺にきて
月日を今は
麓にぞ見る

- 所在地／東京都北区田端2-7-3　● 電話／03-3821-1031
- アクセス／JR田端駅より徒歩6分
- 駐車場／有（3～4台）＊1月1日～10日は利用不可　● 拝観時間／9:00～17:00

MAP P19

第67番

- 本尊　薬師瑠璃光如来
- 開創　中興照海上人

真福寺 (しんぷくじ)

真言宗智山派

上／近代的な『真福寺・愛宕東洋ビル』として再建された。
右上／勝軍地蔵菩薩の銅像。
右下／心のやすらぎスポットとして様々な行事を開催している。(有料の行事もあり)。

ワンモアポイント

心のやすらぎスポットとして愛宕薬師ご縁日にあわせて般若心経の写経会・阿字観会などが開催され、自由に参加できる。

真言宗智山派の宗務出張所が置かれているお寺

真福寺は真言宗智山派総本山智積院の別院で、「愛宕のお薬師さん」として親しまれています。昔より「愛宕のお薬師さん」として親しまれています。度重なる火災や震災などにより初期の堂宇は焼失し、現在の建物は平成七年四月に再建されました。
薬師如来は、愛宕薬師として親しまれ、毎月八日のご縁日（土日、祝日の場合は第一金曜日）には密教護摩を厳修し、「身体健全」「当病平癒」などのご祈祷を行っています。

① 薬師如来の種字「バイ」に「本尊 薬師如来」　② 「弘法大師」　③ 梵字の「バイ」
④ 「第六十七番」　⑤ 摩尼珠山真福寺と「東京芝愛宕町真福寺」

—ご詠歌—
四国霊場第67番
大興寺

うえおきし
こまつおてらを
眺むれば
法のおしえの
風ぞ吹きぬる

阿波国／土佐国／伊予国／讃岐国

- 所在地／東京都港区愛宕1-3-8　● 電話／03-3431-1081
- アクセス／地下鉄神谷町、虎ノ門、御成門駅より徒歩8〜10分
- 駐車場／あり　● 拝観時間／9:30〜17:00（土日、祝日以外）

MAP P12

第68番

永代寺(えいたいじ)

高野山真言宗

- 本尊　歓喜天
- 開山　長盛上人
- 建立　寛永4年(1627年)

上／「永代寺本堂」。山門を抜けると目の前に本堂があり、左手に戦死者供養塔、右手に地蔵堂。
右上／深川公園内にある「永代寺跡の碑」。
右下／「深川不動堂」。

ワンモアポイント

かつては現在の富岡八幡宮から深川不動堂、深川公園を含む一帯が境内で、「永代寺跡の碑」も見られる。

門前仲町という地名は、永代寺の門前に由来

寛永四年(一六二七年)に菅原道真の末裔である長盛法印が、夢のお告げにより八幡大菩薩を携えて江戸に下り、永代島と呼ばれる小島の周囲を開拓して町場を開き、富岡八幡宮とその別当である遍照院を創建したことがはじまりと伝わります。
当時は広大な敷地でしたが、明治時代の神仏分離で永代寺は廃寺となり、現在の永代寺は旧塔頭の吉祥院(元禄五年創建・開基宥範)が明治二十九年(一八九六年)に継承したものです。

❶「歓喜天尊」「弘法大師」 ❷種字「ギャクギャク」 ❸弘法大師を表す弥勒菩薩の種字「ユ」 ❹御府内六十八番 ❺永代寺と「大栄山 永代寺」

―ご詠歌―
四国霊場第68番
神恵院

笛の音も
松吹く風も
琴弾くも
歌うも舞うも
法のこえごえ

- 所在地／東京都江東区富岡1-15-1
- 電話／03-3641-4015
- アクセス／地下鉄東西線門前仲町駅より徒歩3分
- 駐車場／あり
- 拝観時間／9:00〜17:00

MAP P14

第69番

- 本尊　大日如来
- 中興　周盛法印
- 建立　慶長16年(1611年)

宝生院（ほうしょういん）

真言宗智山派

桜田通りに面した宝生院。

三田4丁目1番、4丁目2番の間にある「蛇坂」。
三田には様々な名前の坂があります。

青山学院の前身となる寺子屋式の学校があったお寺です。今回は掲載させていただくことが叶いませんでした。

寺院行事によって拝観や御朱印を書いていただける時間は不定ですが、他のお寺と変わることはありませんのでご安心下さい。

こぼればなし
～三田エリアさんぽみち～

寺院の集中する町である三田寺町。御府内八十八ケ所札所が4か寺あり、そのうち3か寺は隣り合っています。

―ご詠歌―
四国霊場第69番
観音寺

観音の
　大悲の力
　　つよければ
重き罪をも
　引きあげてたべ

阿波国 / 土佐国 / 伊予国 / 讃岐国

第70番
豊島八十八ヶ所霊場 第70番

・本尊　阿弥陀如来
・開山　願行上人
・建立　不詳

禅定院（ぜんじょういん）
真言宗智山派

上／本堂。
右上／いぼの治癒に霊験のある「いぼ神地蔵」。
右下／珍しい茅葺きの鐘楼は天保7年（1836年）に建立されたもの。

ワンモアポイント
境内にある応安、至徳（南北朝時代）年号の板碑などによっても創建の古さがわかる。

境内にはキリシタン燈籠やいぼ神地蔵もある

文政年間の火災で書物が全焼したため、創建年代は不詳ですが、開山した願行上人は鎌倉時代の高僧であるとされ、また南北朝時代の板碑が発見されており、六〇〇年ほど前に創建されたと伝わります。織部灯籠は「別名キリシタン灯籠」といわれ、区内でも珍しい石造物の一つ。また、明治七年（一八七四年）、区内初の公立小学校として開校した豊島小学校は現在の石神井小学校の前身で、三〇余年、年子弟の教育の場となっていました。

① 本尊阿弥陀如来　② 弘法大師
③ 仏法僧宝
④ 第七十番
⑤ 禅定院と「禅定院印」

―ご詠歌―
四国霊場第70番
本山寺

山に誰が
植えける
花なれや
春こそた折り
たむけにぞなる

●所在地／東京都練馬区石神井町5-19-10　●電話／03-3996-4311
●アクセス／西武池袋線石神井公園駅より徒歩10分　●駐車場／有
（1〜2台）＊土日は利用できないこともある　●拝観時間／9:00〜16:00

MAP P23

第71番

- 本尊　薬師如来
- 開基　行春
- 建立　天正14年(1586)

梅照院 (ばいじょういん)

真言宗豊山派

上／「梅照院本堂」。
下／お地蔵さまに水をかけて自分の悪いところと同じところを拭くと痛みを除いてくれる「お願い地蔵尊」。

ワンモアポイント

眼病平癒のお守りや・めぐすりの木(3g×20袋)など、たくさんのお守りやお札あり。

「目の薬師様」として知られる通称「新井薬師」

元北条家の家臣である梅村将監(出家して行春と名を改めた)が、正保三年(一六四六年)に新井を訪れ、草庵を結び真言密教の修験道場としたのがはじまりであったと伝わり、院号もそれに因んでいます。本尊は薬師如来と如来輪観音の二仏一体のご尊像(御開帳は寅年のみ)。江戸時代には、徳川秀忠の娘がこの寺院に祈願したところ、眼が治癒したことで「目の薬師」として信仰を集め、現在も多くの人が参拝に訪れています。

① 薬師如来の種字「ベイ」に「薬師如来」
② 弘法大師　⑥ 仏法僧宝
④ 第七十一番
⑤ 新井山梅照院と「梅照院印」

― ご詠歌 ―
四国霊場第71番
弥谷寺

悪人と
行連れなむも
弥谷寺
只かりそめも
良き友ぞよき

- 所在地／東京都中野区新井5-3-5
- 電話／03-3386-1355
- アクセス／西武新宿線新井薬師前より徒歩5分
- 駐車場／なし
- 拝観時間／9:00～17:00

MAP P29

阿波国　土佐国　伊予国　讃岐国

第72番
関東三十六不動霊場 第22番

- 本尊　不動明王
- 開基　不詳
- 建立　不詳

不動院(ふどういん)

真言宗智山派

上／瓦葺きの山門をくぐると、鉄筋コンクリートの建物が。下／昭和40年に落慶した本堂内。本堂は2階にある。

ワンモアポイント
ここは関東三十六不動尊のひとつで、浅草寿不動尊とも呼ばれている。

本堂は近代的なコンクリートの陸屋根造り

創建年代、開山は不明とされていますが、慶長十六年（一六一一年）、中興開山の法印賢鏡が八丁堀に寺地を拝領し、その後寛永十二年（一六三五年）に現在の地に移転してきたといわれています。

本尊の不動明王は、奈良時代の良弁僧正の作と伝わります。各地を転々としたのち、平戸藩の藩主、松浦家の守護仏となり、江戸鳥越の松浦家上屋敷の鬼門に不動院があったことから、祈願所として納められたといわれています。

❶ 不動明王の種字「カーン」に「不動明王」　❷「弘法大師」　❸ 梵字の「カーン」
❹ 御府内第七十二番
❺ 不動院と「不動院印」

- ●所在地／東京都台東区寿2-5-2　●電話／03-3842-7800
- ●アクセス／地下鉄銀座線田原駅より徒歩3分
- ●駐車場／なし　●拝観時間／8:00～16:00

MAP P15

― ご詠歌 ―
四国霊場第72番
曼荼羅寺

わずかにも
曼荼羅おがむ
人はただ
ふたたび三たび
帰らざら

第73番

- 本尊　大日如来
- 開山　玄覺法印
- 建立　享禄4年(1531年)

東覺寺(とうがくじ)

真言宗智山派

上／門前には「大山同木同作 不動明王」の標石が建っている。
下／亀戸七福神の弁財天を祀るお堂がある。

ワンモアポイント

尊像は良弁僧正が相模の大山寺の不動明王と同木から彫ったと伝わるが、戦災にて焼失、現在は江戸時代作の尊像を奉安。

「盗難除け不動」として信仰を集めた

玄覺法印によって享禄四年(一五三一年)に創建され、明治三十四年(一九〇一年)に深川本村の法号山覺王寺と合併し、法号山に改号されました。

本尊の不動明王には言い伝えがあり、「玄覺の元に笈箱を背負った僧が訪れ、翌日盗みに入った男が、笈箱の中の不動明王に割られ口がきけなくなった。その不動明王に祈願してみると口がきけるようになり、男は改心した。玄覺は、この尊像が盗難・剣難の守護仏であると聞き、譲り受けて一宇を建立」それが東覺寺の始まりといわれています。

① 本尊大日如来
② 金剛界大日如来の種字「バン」
③ 御府内第七十三番
④ 東覚寺と「東覺寺印」

― ご詠歌 ―
四国霊場第73番
出釈迦寺

迷いぬる
六道衆生
救わんと
尊き山に出ずる
釈迦寺

阿波国 / 土佐国 / 伊予国 / 讃岐国

●所在地／東京都江東区亀戸4-24-1　●電話／03-3681-8213
●アクセス／JR亀戸駅より徒歩10分
●駐車場／あり　●拝観時間／9:00～17:00

MAP P18

第74番

法乗院 (ほうじょういん)

真言宗豊山派

- 本尊　大日如来
- 開山　覚誉法印
- 建立　1629年(寛永6年)

上／本堂の脇に閻魔堂がある。
下／閻魔堂内。巨大な閻魔大王の前にはさまざまな祈願の賽銭口がある。

ワンモアポイント

本堂1階には、天明四年(1784年)に江戸の宋庵という絵師によって描かれた地獄・極楽図がある。

江戸三えんまの一つとして庶民の信頼を集めている

寛永六年(一六二九年)現在の佐賀二丁目である助十郎町に創建され、寛永十八年(一六四一年)に現在の場所に移転。宝暦一〇年(一七六〇年)に『深川閻魔堂』が創建され、江戸三閻魔として信仰を集めています。現在の閻魔堂には巨大な閻魔大王が鎮座しており、お賽銭をいれると後光が差し、お言葉がいただけます。境内には江戸時代末期の尺八の名人・豊田古童を偲ぶ虚無僧塚(豊田鳳憬尺八塚)や鳥塚、曾我五郎の足跡石などがあります。

① 大日如来　② 金剛界大日如来の種字「バン」　③ 大日如来の御影　④ 奉納経「平成二十年戊子」　⑤ 御府内八十八ヶ所七十四番 南無大師遍照金剛　⑥ 法乗院と「法乗院印」

- 所在地／東京都江東区深川2-16-3
- 電話／03-3641-1652
- アクセス／地下鉄東西線門前仲町駅より徒歩6分
- 駐車場／有(6台)
- 拝観時間／9:00〜17:00

MAP P14

ご詠歌
四国霊場第74番
甲山寺

十二神　味方にもてる　戦には
おのれと心　甲山かな

第75番

- 開基　良台法印
- 本尊　不動明王
- 建立　慶長5年(1600)

威徳寺(いとくじ)

真言宗智山派

上／新しい本堂。
右／2017年完成。

ワンモアポイント
2017年に新しい本堂が完成。

赤坂不動尊として信仰をあつめているお寺

赤坂見附駅から歩いて二分ほどのところにある、真言密教で知られる真言宗智山派のお寺です。江戸時代に入り紀州徳川家の祈願寺となり、広く人々に信仰され、大いに栄えました。人々はその威徳を尊び、智剣山威徳寺と呼ぶようになり、現在も内陣には紀州徳川家奉納の厨子や仏具などがあります。江戸の火災や大地震、戦災などいくたびの災禍を免れた霊験あらたかなお不動様です。

① 不動明王の種字「カーン」に「不動明王」　② 梵字の「カーン」
③ 御府内札所第七十五番
④ 智剣山　威徳寺と「赤坂不動尊印」

―ご詠歌―
四国霊場第75番
善通寺

われ住まば
よも消えはてじ
善通寺
深きちかいの
法のともしび

阿波国　土佐国　伊予国　讃岐国

● 所在地／東京都港区赤坂4-1-10　● 電話／03-3583-1128
● アクセス／地下鉄銀座線赤坂見附駅より徒歩2分
● 駐車場／あり　● 拝観時間／9:00～17:00

MAP P12

第76番

- 本尊　阿弥陀如来
- 開山　聖弁和尚
- 建立　大永2年(1522年)

金剛院
こんごういん

真言宗豊山派

上／本堂。
右上／お砂踏み霊場。弘法大師像を囲むように地名の入った石柱が4本立っています。
右下／大師堂。
左／境内にある「赤門テラスなゆた」。10：00～19：00（火曜日定休）

見どころもいっぱい、くつろげるお寺

聖弁和尚によって大永二年（一五二二年）に開創されました。江戸時代には「古跡寺院」として保護され、本堂、客殿は国の登録文化財をなっている古刹寺院です。

境内にはマンガ地蔵をはじめ、四国八十八ヶ所のお砂踏み霊場や、江戸時代に寺子屋を開いた尼僧・智観比丘尼の碑などがあります。また、寺カフェも併設しています。

❶ 阿弥陀如来の種字「キリーク」に「無量寿」　❷「弘法大師」　❸「宝珠」
❹「御府内八十八所第七十六番」
❺ 金剛密院と「蓮華山金剛院」

—ご詠歌—
四国霊場第76番
金倉寺

誠にも
神仏僧を
ひらくれば
真言加持の
不思議なりけり

- 所在地／東京都豊島区長崎1-9-2
- 電話／03-3957-2313
- アクセス／西武池袋線椎名町駅より徒歩1分
- 駐車場／あり
- 拝観時間／9：00～17：00

MAP P21

阿波国　土佐国　伊予国　讃岐国

第77番

- 本尊　千手観世音菩薩
- 開基　不詳
- 建立　不詳

佛乗院（ぶつじょういん）
真言宗

上／山門を入ると右手にお稲荷さまがあり、その先に本堂がある。
下／小さな山門をくぐって境内へ。

ワンモアポイント
江戸御府内八十八ヵ所で唯一神奈川県にある札所。

本尊の千手観世音菩薩は五年に一度御開帳がある

開創は不明ですが、寛永十二年（一六三五年）八丁堀から日本橋に、延宝年間（一六七三～八〇年）に三田寺町に移転。その後昭和六十二年（一九八七年）に現在の地に移ってきました。戦争や神仏分離令など様々な事情で移転する寺院が多い中、最も遠い地に移転してきた寺院です。
境内には相生稲荷や平和観音、滝行場などがあります。

❶千手観音の種字「キリーク」に「千手観音」　❷弘法大師　❸梵字の「キリーク」と「御府内八十八ヶ所第七十七番仏乗院」　❹第七十七番　❺高嶋山仏乗院と「高嶋山仏乗院」

―ご詠歌―
四国霊場第77番
道隆寺

ねがいをば
仏道隆に
入りはてて
菩提の月を
見まくほしさに

●所在地／神奈川県秦野市蓑毛957-13　●電話／0463-83-2801
●アクセス／小田急小田原線秦野駅より神奈川中央交通バス蓑毛行き終点
●駐車場／あり　●拝観時間／10:00～16:00
MAP P26-27

阿波国　土佐国　伊予国　讃岐国

第78番

成就院 (じょうじゅいん)

真言宗智山派

- 本尊　大日如来
- 開山　鏡伝法印
- 建立　慶長16年(1611)

上／戦前に建てられたという瓦葺大屋根の本堂。
下／本堂の向かい側に大師堂がある。

ワンモアポイント
境内には大師堂と修行大師像がある。

① 「本尊大日如来」「弘法大師」
② 弘法大師を表す弥勒菩薩の種字「ユ」
③ 第七十八番
④ 成就院と「成就院印」

戦前に建てられた本堂や庫裡

徳川家康に従って江戸に入った高僧鏡伝法印により、慶長一六年（一六一一年）、神田北寺町（現在の岩本町あたり）に創建され、慶安元年（一六四八年）に現地に移転してきたといわれています。第43番の百観音成就院と区別するために下谷田中成就院と呼ばれており、以前は田んぼの中にあったために「田中」であると言われています。
戦災を免れたため、戦前に建てられた本堂や庫裡がそのまま残っています。

―ご詠歌―
四国霊場第78番
郷照寺

おどりはね
念仏唱う
道場寺
拍子をそろえ
鉦をうつなり

- 所在地／東京都台東区東上野3-32-15
- 電話／03-3831-2534
- アクセス／地下鉄銀座線稲荷町駅より徒歩1分
- 駐車場／有(4台)
- 拝観時間／9:00〜16:30

MAP P15

第79番

上／ガレージの奥に本堂があります。
下／雲照律師の百万遍の碑。

- 開山　良法法印
- 本尊　地蔵菩薩
- 建立　延宝9年(1681年)

専教院(せんきょういん)

真言宗豊山派

ワンモアポイント

「茗荷谷駅」からは近道があるが、「江戸川橋」からがわかりやすい。

名僧「雲照律師」の百万遍の碑

住宅街の中にある、三階建てのマンションのような寺院。詳しい縁起は分かっていないが、延宝九年（一六八一年）に良法法印によって創建されたといわれています。

駐車場の脇には、明治維新に廃仏毀釈に対し仏教復興を主張し、戒律運動の普及に努めた、幕末から明治初期の混乱の中で真言宗の基礎を確立した名僧である雲照律師の百万遍の碑が置かれています。専教院は法仙寺の末寺であり、文政時代は境内が三三八坪ほどあったと伝わります。

❶本尊　地蔵菩薩
❷弘法大師
❸地蔵菩薩の種字「カ」
❹第七十九番
❺専教院と「専教院印」

奉拝
❹
❶本尊
❷弘法大師
地蔵菩薩
❸
専教院
❺
平成二十七年
十一月七日

―ご詠歌―
四国霊場第79番
天皇寺

十楽の
浮き世の中を
たずぬべし
天皇さえも
さすらいぞある

阿波国　土佐国　伊予国　讃岐国

● 所在地／東京都文京区小日向3-6-10　● 電話／03-3941-2941
● アクセス／東京メトロ丸の内線「茗荷谷駅」または有楽町線「江戸川橋」下車、徒歩10分
● 駐車場／なし　● 拝観時間／9:00～16:00を目安に

MAP P17

第80番

- 本尊　地蔵菩薩
- 開山　秀晃僧正
- 建立　1673〜1681年（延宝年間）

長延寺（ちょうえんじ）

真言宗豊山派

上／入口に表札と「真言宗豊山派・太元山長延寺　この奥」の案内板がある。
下／本堂内。天井にも注目。

この案内板を目印に。

1. 本尊地蔵菩薩
2. 弘法大師
3. 地蔵菩薩の種字「カ」と「佛法僧寶」
4. 第八十番
5. 長延寺と「太元山長延寺」

本堂には漆喰の「鏝絵（こて絵）」

慶長一六年（一六一一年）、八丁堀に移転し、寛永一二年（一六三五年）に現在地に移されたといわれています。

本堂には漆喰の鏝絵（こてえ）、『不動明王霊夢』と『俵藤太』があり、作者である伊豆長八の高弟、今泉善吉の墓も長延寺にあります。また、日光の大獣院殿の建築に携わった平内大和守の墓などもあるそうです。

―ご詠歌―
四国霊場第80番
国分寺

国を分け
野山をしのぎ
寺々に
詣れる人を
助けませ

- 所在地／東京都港区三田4-1-31
- 電話／03-3451-1655
- アクセス／地下鉄三田駅より徒歩10分
- 駐車場／なし
- 拝観時間／9:00〜17:00

MAP P10

第81番

- 本尊　弘法大師
- 開基　不詳
- 建立　寛永年間（1624～44年）

光蔵院
こうぞういん

真言宗智山派

上／昭和63年（1988年）に落成した本堂。
下／住宅街にあり、山門は高級住宅のような雰囲気。

ワンモアポイント
インターホンを押して在宅であればお堂をあけていただけます。

住宅街の一角にあるお寺

寛永年間（一六二四～一六四四年）に飯倉に創建されたといわれています。元々八十一番の札所は三田にあった真蔵院でしたが、享保年間（一七一六～一七三六年）、川崎大師の御旅所とされ、弘法大師を祀るようになり、「厄除け飯倉大師」として信仰を集め、札所となりました。

昭和二十年（一九四五年）に東京大空襲で焼失し、昭和三十七年（一九六二年）に再建しました。現在の場所に移転しての本堂の落成は昭和六十三年（一九八八年）。

❶弘法大師を表す弥勒菩薩の種字「ユ」に「弘法大師」　❷仏法僧宝　❸災厄消除　❹第八十一番　❺赤坂光蔵院と「光蔵院印」

―ご詠歌―
四国霊場第81番
白峯寺

霜さむく
露白妙の
寺のうち
御名をとなうる
法のこえごえ

阿波国

土佐国

伊予国

讃岐国

● 所在地／東京都港区赤坂7-6-68　● 電話／03-3588-6252
● アクセス／地下鉄千代田線赤坂駅より徒歩6分
● 駐車場／なし　● 拝観時間／事前連絡の上の訪問が望ましい

MAP P12

第82番

- 本尊　金剛界大日如来
- 開山　法印如桂
- 建立　不詳

龍福院
真言宗智山派

上／門から入ると、正面が本堂。
下／武士の子として生まれ、浮世絵師としての大成をはかった小林清親(こばやしきよちか)の碑。

ワンモアポイント
団体で来院する場合のみ事前の問い合わせが必要。

❶本尊大日如来　❷「弘法大師」
❸金剛界大日如来の種字「バン」
❹青林山龍福院と「青林山龍福院」

最後の木版浮世絵師と呼ばれた小林清親の墓がある

青く塗られた鉄製の頑丈な観音扉の山門が印象的なお寺です。左側の小さな門のノブを回して入ることができます。創建された年代は不詳ですが、現在の中央区日本橋である谷町から現地に移転したといわれています。

本尊は金剛界大日如来で左右に弘法大師と興教大師が祀られています。境内には最後の木版浮世絵師と呼ばれた小林清親(こばやしきよちか)の「清親画伯之碑」と彫られた大きな記念碑が建っています。

―ご詠歌―
四国霊場第82番
根香寺

宵の間の
たへふる霜の
消えぬれば
あとこそ鉦の
勤行のこえ

●所在地／東京都台東区元浅草3-17-2　●電話／03-3841-1241
●アクセス／地下鉄銀座線田原町駅より徒歩5分
●駐車場／なし　●拝観時間／9:00〜16:00

MAP P15

第83番

- 本尊　阿弥陀如来
- 開基　鏡現上人
- 建立　天正年間
　　　（1573〜1592年）

蓮乗院（れんじょういん）

真言宗豊山派

上／きれいに手入れされ、かわいらしい花々の咲く境内。
下／門前にある朱書きの「南無大師遍照金剛」の標石。

ワンモアポイント
第39番真成院に隣接したお寺。

観音坂の途中にある小さなお寺

歴史についての詳細ははっきりしていませんが、天正年間（一五七三〜一五九二年）に創建され慶長十六年（一六一一年）に現在の地に移転してきたといわれています。東京大空襲の戦火で建物は全焼しましたが、嘉永六年（一八五三年）以来の過去帳が奇跡的に残っています。

本堂には本尊の阿弥陀如来と十一面観音菩薩蔵、弘法大師像が安置されており、門前には朱書きの「南無大師遍照金剛」の標石が建てられています。

① 本尊阿弥陀如来　②「弘法大師」「興教大師」　③ 阿弥陀如来の種字「キリーク」　④ 御府内八十八ヶ所第八十三番　⑤ 四谷蓮乗院と「蓮乗院印」

—ご詠歌—
四国霊場第83番
一宮寺

讃岐いちの
みやの御前に
あおぎみて
神の心を
誰れかしらゆふ

● 所在地／東京都新宿区若葉2-8-6　● 電話／03-3351-2804
● アクセス／JR中央線四谷駅より徒歩7分
● 駐車場／なし　● 拝観時間／9:00〜17:00

MAP P17

上／本堂。
下／本堂左手には五輪塔や弘法大師千年忌の石碑などが建っている。

ワンモアポイント
本堂は八丁堀から移転したときに建立されたものです。

第84番

・本尊　不動明王
・開山　不詳
・建立　不詳

明王院（みょうおういん）

真言宗豊山派

江戸時代から「厄除大師」のお寺として有名

源頼朝によって相模国に迎えられ、長禄年間、武蔵国東江（八丁堀）へ移転。さらに一六三五年寛永一二年、他の寺院とともに三田寺町の現在地へ移転してきたといわれています。

この寺の本尊は「厄除大師」として知られており、伝承によれば、嵯峨天皇が四二歳の厄年を迎えた時、弘法大師が厄除けを祈願して自ら天皇等身大の像を刻んだものとされています。

—ご詠歌—
四国霊場第84番
屋島寺

梓弓
屋島の宮に
詣でつつ
祈りをかけて
勇む武夫

① 「本尊不動明王」　② 厄除大師
③ 不動明王の種字「カーン」
④ 第八十四番
⑤ 三田明王院に「明王院印」

● 所在地／東京都港区三田4-3-9　● 電話／03-3451-1556
● アクセス／南北線、都営三田線白金高輪駅より徒歩8分
● 駐車場／なし　● 拝観時間／9:00～16:00

MAP P10

第85番 観音寺（かんのんじ）

真言系単立

- 本尊 聖観世音菩薩
- 開山 不詳
- 創建 寛永年間（1624年〜1645年）

上／本堂2階に御本尊「聖観世音菩薩」が安置されている。

ワンモアポイント

「呼潮へんろ路」は吉川英治の小説にちなむもので、石碑の文字も吉川英治よるもの。

御府内唯一の宗派に属しない単立の札所

詳細の年代は分かっていませんが、寛永年間（一六二四〜一六四五）頃に創建され、上戸塚村の名主や里人によって護持されていたとされます。本来の第八十五番の札所は泉福院であったといわれ、現在の本堂は昭和五十八年（一九八三年）に再建されました。

本堂の左手にある「呼潮へんろ塚」は作家吉川英治の文筆仲間であった呼潮に聞いた「四国遍路」の体験に基づいて執筆した「呼潮へんろ」にちなんでいます。

❶本尊聖観世音菩薩　❷弘法大師
❸梵字の「キリーク」　❹弘法大師御府内八十八ヶ所霊場　第八十五札所
❺大悲山観音寺と「大悲山観音寺印」

― ご詠歌 ―

四国霊場第85番 八栗寺

煩悩を
胸の智火にて
八栗をば
修行者ならで
たれか知るべき

- 所在地／東京都新宿区高田馬場3-37-26　●電話／03-3361-2301
- アクセス／JR山手線・東京メトロ東西線高田馬場駅より徒歩15分
- 駐車場／有(6台)　●拝観時間／10:00〜17:00

MAP P21

第86番

- 本尊　大日如来
- 開山　卓圓
- 建立　寛永4年
　　　　（1627年）以前

常泉院 (じょうせんいん)

真言宗豊山派

上／山道〜本堂の様子。
右上／高野山開創一千百年を記念して建立された大師像。
右下／本堂横の「聖天堂」。

ワンモアポイント

東京ドームの周辺の住宅街にあり、本堂がお寺のようには見えない個性的な建物。

明治時代建立の赤煉瓦の塀が印象的な寺院

寛永四年（一六二七年）以前に卓圓によって開山され、水戸家の帰依を受け創建されたと伝えられています。境内には高野山開創一千百年を記念して大正四年に建立された石の大師像・寛政四年制定御詠歌碑をはじめ、如意輪観音、魚霊之墓など様々なものが安置されています。日本山岳会初代会長となった小島烏水の墓があり、「日本近代登山之先駆者　小島烏水永住之地也」という石碑が建っています。

① 本尊大日如来　② 弘法大師　③ 金剛界大日如来の種字「バン」
④ 弘法大師霊場御府内第八十六番
⑤ 小石川常泉院と「金剛山常泉院」

● 所在地／東京都文京区春日1-9-3　● 電話／03-3811-5252
● アクセス／地下鉄丸の内線後楽園駅より徒歩3分
● 駐車場／なし　● 拝観時間／9:00〜16:00

MAP P16

── ご詠歌 ──
四国霊場第86番
志度寺

いざさらば
今宵はここに
志度の寺
祈りの声を
耳に触れつつ

第87番
江戸三十三観音 第13番

- 本尊　如意輪観世音菩薩
- 開山　亮賢僧正
- 開基　桂昌院
- 建立　天和元年(1681年)

護国寺(ごこくじ)

真言宗豊山派大本山

上／元禄文化の様相を伝える貴重な建物である本堂(観音堂)。
下／元禄14年(1701年)築の大師堂。

ワンモアポイント
大隈重信、山県有朋夫妻など多くの著名人のお墓があることでも知られている。

将軍家の祈願寺として幕府に厚い庇護を得たお寺

天和元年(一六八一年)五代目将軍徳川綱吉が母・桂昌院の発願により高田薬園に創建、亮賢僧正を招き開山し、徳川家の祈願所とされたのが始まりです。本尊の如意輪観世音菩薩は桂昌院の念持仏で、本堂(観音堂)のお厨子に安置されています。

本堂(観音堂)は元禄一〇年(一六九七年)に将軍綱吉公の命により建てられたもので、滋賀の園城寺(三井寺)から移築された月光殿とともに国の重要文化財に指定されています。

① 弘法大師　② 如意輪観世音
③ 三宝印(仏法僧宝)
④ 弘法大師霊場御府内第八十七番
⑤ 護国寺と「護国寺印」

―ご詠歌―
四国霊場第87番
長尾寺

さみだれの
　後に出でたる
　　玉の井は
白坪なるや
　一の宮かわ

- 所在地／東京都文京区大塚五丁目40-1　● 電話／03-3941-0764
- アクセス／東京メトロ有楽町線護国寺駅よりすぐ
- 駐車場／有　● 拝観時間／9:00〜16:00

MAP P19

第88番

文殊院（もんじゅいん）

高野山真言宗

- 本尊　弘法大師
- 開山　木食応其上人
- 建立　慶長7年(1602年)

御府内八十八ヶ所の結願寺

木食応其上人を開山、徳川家康の帰依を受けた高野山興山寺の勢誉によって開創。当時は興山寺と称していました。寛永四年（一六二七年）に江戸に移転、さらに元禄九年（一六九六年）に白金台町（現在の白金二丁目）に移転。その名残から「白金高野寺」とも呼ばれています。

境内には高野山の開創を表現した弘法大師像、本堂の前には四国八十八ヶ所のお砂踏み場などがあります。結願寺ということで、以前に巡った霊場を思い出しながら境内を歩くことができます。

上／本堂。大正9年（1920年）に区画整理のため、現在の地に移った。
右上／四国八十八ヶ所のお砂踏み場。
右下／八十八体の弘法大師像がさまざまな表情で並ぶ。

ワンモアポイント
札留寺の第88番文殊院。これで結願となる。

❶ 弘法大師を表す弥勒菩薩の種字「ユ」に「弘法大師」　❷ 梵字の「ユ」　❸ 御府内霊場第八十八番 結願寺　❹ 文殊院と「高野寺文殊院」

―ご詠歌―
四国霊場第88番
大窪寺

南無薬師
諸病なかれと
願いつつ
詣れる人は
大窪の寺

- 所在地／東京都杉並区和泉4-18-17
- 電話／03-3328-2077
- アクセス／東京メトロ丸ノ内線方南町駅より徒歩15分
- 駐車場／なし
- 拝観時間／9:00〜16:00

MAP P29

巡礼チェック表

阿波国の写し霊場	第1番 東京別院	第2番 東福寺	第3番 多聞院	第4番 高福院	第5番 延命院	第6番 不動院	第7番 室泉寺	第8番 長遠寺	第9番 龍厳寺	第10番 聖輪寺	第11番 宝仙寺	第12番 荘厳寺	第13番 弘法寺	第14番 福蔵院	第15番 南蔵院	第16番 三寶寺	第17番 長命寺	第18番 愛染院	第19番 青蓮寺	第20番 鏡照院	第21番 東福院	第22番 南蔵院	第23番 薬研堀不動院

土佐国の写し霊場	第24番 最勝寺	第25番 長楽寺	第26番 来福寺	第27番 正光院	第28番 霊雲寺	第29番 南蔵院	第30番 放生寺	第31番 多聞院	第32番 圓満寺	第33番 眞性寺	第34番 三念寺	第35番 根生院	第36番 薬王院	第37番 萬徳院	第38番 金乗院	第39番 真成院

伊予国の写し霊場	第40番 普門院	第41番 密蔵院	第42番 観音寺	第43番 成就院	第44番 顕性寺	第45番 観蔵院

讃岐国の写し霊場

第46番 弥勒寺	第47番 城官寺	第48番 禅定院	第49番 多宝院	第50番 大徳院	第51番 延命院	第52番 観音寺	第53番 自性院	第54番 新長谷寺	第55番 長久院	第56番 与楽寺	第57番 明王院	第58番 光徳院	第59番 無量寺	第60番 吉祥院	第61番 正福院	第62番 威光院	第63番 観智院	第64番 加納院	第65番 大聖院	第66番 東覚寺	第67番 真福寺	第68番 永代寺

第69番 宝生院	第70番 禅定院	第71番 梅照院	第72番 不動院	第73番 東覺寺	第74番 法乗寺	第75番 威徳寺	第76番 金剛院	第77番 佛乗院	第78番 成就院	第79番 専教院	第80番 長延寺	第81番 光蔵院	第82番 龍福院	第83番 蓮福院	第84番 明王院	第85番 観音寺	第86番 常泉寺	第87番 護国寺	第88番 文殊院

さくいん

あ
- 愛染院 …… 48
- 威光院 …… 95
- 威徳寺 …… 110
- 永代寺 …… 103
- 圓満寺 …… 63
- 延命院 …… 35
- 延命院（第51番）…… 84

か
- 加納院 …… 97
- 観智院 …… 78
- 観蔵院 …… 96
- 観音寺 …… 75
- 観音寺（第42番）…… 85
- 観音寺（第52番）…… 120
- 観音寺（第85番）…… 78
- 鏡照院 …… 50
- 吉祥院 …… 93
- 顕性寺 …… 77
- 光蔵院 …… 116
- 光徳院 …… 91
- 高福寺 …… 34
- 弘法寺 …… 43
- 金剛院 …… 111

さ
- 根生院 …… 66
- 護国寺 …… 69
- 金乗院 …… 122
- 最勝寺 …… 55
- 三念寺 …… 65
- 三寶寺 …… 46
- 室泉寺 …… 37
- 自性院 …… 86
- 正福院 …… 94
- 城官寺 …… 80
- 成就院 …… 76
- 成就院（第43番）…… 113
- 成就院（第78番）…… 121
- 常泉院 …… 64
- 眞性寺 …… 70
- 真成院 …… 87
- 新長谷寺 …… 102
- 真福寺 …… 58
- 正光院 …… 40
- 聖輪寺 …… 49
- 青蓮寺 …… 114
- 専教院 …… 81
- 禅定院（第48番）…… 105
- 禅定院（第70番）…… 41
- 荘厳寺 ……

126

た
- 大聖院 …… 98
- 大徳院 …… 83
- 多宝院 …… 82
- 多聞院（第3番）…… 33
- 多聞院（第31番）…… 62
- 長延寺 …… 115
- 長遠寺 …… 38
- 長久院 …… 88
- 長命寺 …… 47
- 長楽寺 …… 56
- 東覚寺（第66番）…… 101
- 東覺寺（第73番）…… 108
- 東京別院 …… 31
- 東福寺 …… 51
- 東福寺 …… 32

な
- 南蔵院（第15番）…… 45
- 南蔵院（第22番）…… 52
- 南蔵院（第29番）…… 60

は
- 梅照院 …… 106
- 宝生院 …… 104
- 福蔵院 …… 44
- 佛乗院 …… 112

ま
- 宝仙寺 …… 36
- 放生寺 …… 107
- 法乗院 …… 73
- 普門院 …… 61
- 不動院（第6番）…… 109
- 不動院（第72番）…… 42
- 明王院 …… 68
- 明王院（第57番）…… 74
- 密蔵院 …… 90
- 萬徳院 …… 119
- 弥勒寺 …… 79
- 無量寺 …… 92
- 文殊院 …… 123

や
- 薬王院 …… 67
- 薬研堀不動院 …… 53
- 与楽寺 …… 89

ら
- 来福寺 …… 57
- 龍巌寺 …… 39
- 龍福院 …… 117
- 雲雲寺 …… 59
- 蓮乗院 …… 118

Staff

取材・執筆■若林　萌(ジェイアクト)
編集■立川芽衣(ジェイアクト)
デザイン／DTP■疋田　滋
MAP■榎本早那香

江戸御府内八十八ヶ所　御朱印を求めて歩く　巡礼ルートガイド

2019年7月25日　第1版・第1刷発行

著　者　江戸巡りん倶楽部(えどめぐりんくらぶ)
発行者　メイツ出版株式会社
　　　　代表者　三渡 治
　　　　〒102-0093 東京都千代田区平河町一丁目1-8
　　　　ＴＥＬ：03-5276-3050(編集・営業)
　　　　　　　　03-5276-3052(注文専用)
　　　　ＦＡＸ：03-5276-3105
印　刷　三松堂株式会社

●本書の一部、あるいは全部を無断でコピーすることは、法律で認められた場合を除き、著作権の侵害となりますので禁止します。
●定価はカバーに表示してあります。
©ジェイアクト,2015,2019.ISBN978-4-7804-2221-4 C2026 Printed in Japan.

ご意見・ご感想はホームページから承っております
メイツ出版ホームページアドレスhttp://www.mates-publishing.co.jp/
編集長：折居かおる　　副編集長：堀明研斗　　企画担当：大羽孝志／清岡香奈

＊本著は2015年発行の『江戸御府内八十八ヶ所　御朱印を求めて歩く　札所めぐりルートガイド』の改訂版です。